1分のスピーチでも、
30分のプレゼンでも、

人前であがらずに話せる方法

鳥谷朝代
Asayo Toritani

大和書房

はじめに――１万４０００人以上の人生を変えた本

「あがりを克服したい！」

「スピーチ上手になりたい！」

願ったところで、なにも変わりません。

当たり前ですが、思うだけで克服できるほど甘いものではありません。


はじめまして、鳥谷朝代と申します。

私は、**日本で唯一のあがり症の方のための協会「あがり症克服協会」の理事長であり、あがり症克服の専門家**です。

人前で話をしようとすると手や声が震える、頭が真っ白になって言葉が出なくなるといった、いわゆる「あがり症」に悩まされる人のために、カルチャースクールや企業、学校などで、年間２００回以上の講演活動をしています。

多くの方々に、話し方やスピーチスキルを指導することをナリワイとしているわけですが、元アナウンサーでもありませんし、「しゃべりのプロ」だったわけでもありません。

私の前職は地方公務員です。

それも、**「超あがり症で、まったく使えない公務員」**です。

極度のあがり症で自己嫌悪の毎日だった!!

私のあがりの経歴を少しご紹介したいと思います。

忘れもしない、あれは中学1年生のとき、国語の授業で本読みが当たりました。

小学生まではむしろ得意なほうだったのですが、そのときは急に声が震えだし、教科書を持つ手もブルブル震えだしました。

前に座っていた男子がびっくりして振り返ったのをいまでもよく覚えています。

それ以来、本読みと聞くだけでそのときの恐怖がよみがえり、やがて、順番が当たるとわかっている日は、仮病《けびょう》を使って保健室に逃げ込むようになってしまいました。

ほかにも、音楽の時間にリコーダーを演奏しようとすると指が震えて吹けない、歌のテストでは緊張で息苦しくなって声が出なくなるなど、**みんなの前でなにかをしようとすると手や声が震えてしまう状態が続きました。**

高校に進学してからも、状況は変わらないどころかさらに悪化していきました。部活動では軟式テニス部に所属していましたが、練習ではできることも試合では緊張してミスを繰り返し、チームメイトに迷惑をかけ続けました。

そんなことを続けているうちに、スポーツにかぎらず、歌番組やお芝居、記者会見など「人が緊張している姿」を観ることもできなくなりました。

「どうしてこんなふうになってしまったんだろう……」と自分が情けなく、毎晩、布団に入ると勝手に涙が溢《あふ》れてきてしまうような、つらく苦しい青春時代を送りました。

「もうこれ以上、授業で発表したくない」という理由で、大学進学を断念。（学校での成績は良いほうだったので）先生たちは驚きましたが、本当のことを言えず、周囲の反対を押し切って、高校を卒業してすぐ就職することを決めました。

幸い、国家公務員と愛知県、名古屋市の採用試験に合格し、地元の名古屋市役所に入庁しました。

はじめは出張所勤務でしたが、入庁から2年目の20歳のとき、秘書室への異動が決まりました。そして、秘書室勤務2年目に、なんと市役所のトップである市長の秘書に任命されました。


女性の市長秘書は2万人以上いる市職員のなかでたったひとり、いわゆる「花形」ポストです。そんな部署に、人に注目されるのが苦手な自分が選ばれるとは……。

私の性格を知っている両親は心配し、私も「とてもとても荷が重い……」と思いましたが、二度とないチャンス、がんばってみることにしました。

毎日、市長のもとには大物政治家やタレントさんが大勢いらっしゃいます。テレビの撮影や取材が入ることも少なくなく、そんなときはアテンドするときやお茶を出すときの手の震えとの闘いでした。

「やはり向いていない……」「こんな自分は秘書として失格……」と自分を責め続ける日々を過ごしました。

それでもなんとか4年間務め続け、次の異動の辞令が出ました。

次の異動先は教育委員会でした。

教育委員会では、学校の教職員向けの研修や説明会の講師・司会進行役がしょっちゅう回ってきます。

人前で一言発するのもやっとだった私には、研修の講師など到底不可能なことであり、**講師や司会が当たるとわかっている日の朝は、仮病を使って休むようになりました。**

そんなことを繰り返しているうちに、当然ですがまわりからの信頼を失い、人間関係も悪くなり、やがて自律神経失調症により休職することに。

数週間でなんとか復帰したものの、自己嫌悪《けんお》感はますます強くなるいっぽうで、出勤するだけで胸が苦しくなってしまう日々を過ごしました。

「人前で話すのが大嫌いだった」私に訪れた転機

教育委員会に配属されて4年目に、また次の異動先への辞令が出ました。

市議会の調査課という部署でした。

そして、このとき、私にとって「人生最大のピンチ」＝「ターニングポイント」がやってくるのです。

市議会の職員は市政のことを広く知っておく必要があるということで、調査課の職員全員が課長以下ほかの職員の前で20分の市政研究発表をすることになりました。

それまでは、他の誰かに押し付け逃げ回っていたのですが、職員全員がやるわけですから、今回ばかりは逃げられません。

できないのなら、役所を辞めるしかない。いや、もっと早く辞めるべきだった――。

ここまであがりがひどい私は、もともと人並みに仕事ができる人間ではなかったんだ……。そんなことまで考え、いよいよ退職の日が来たと、覚悟しました。

しかし、どこかで諦《あきら》めきれない気持ちもあり、「あがり症」についてネット検索をはじめました。

いままで、どうやって逃げるか、その方法ばかりを考えていたのですが、ここで初めて、逃げる以外の方法を探したのです。

「あがり」「緊張」で検索すると、精神科のサイトが多数出てきます。

薬——

これで抑えられるなら……と、すぐに精神内科で診察を受けました。

先生は私の話をサラッと聞いただけで、「じゃ、お薬出しますね」。

とてもあっけない対応に拍子抜けするのと同時に、少し怖くなりました。

体はどこも悪くないのに、薬物に手を出すことに抵抗があり、結局薬を使うのはやめました。

次に「催眠療法」という小さな広告が目に留まりました。

そこには「あなたの赤面、汗、吃音《きつおん》は治ります！」という言葉。

電話で予約を取り、古いマンションの一室に、恐る恐る入りました。

先生と一対一で、いわゆる催眠術をかけてもらうのですが、**20万円以上使ったわりには、ほとんど効果は得られず**、「やっぱり私のあがり症は治らないんだ……」とかえって落ち込んだのを覚えています。

発表本番まで1か月を切り、いよいよ退職しかないと諦めかけていたころ、カルチャースクールで開講していた「話し方講座」というのを見つけました。

「話し方講座であがり症を治す」ということに半信半疑でしたが、なにしろ時間がありません、すぐに申し込みました。

体験レッスンに行くと、10名ほどの50~60代の男女が発声練習をしていました。

皆さんお腹から堂々と声を出しています。

歌舞伎の口上《こうじょう》を述べたり、スピーチの練習をしていましたが、皆さんとてもお上手で、まるでプロの役者さんのようです。

「最初は緊張するとまったく声が出なかったんだけど、練習してここまでできるようになったんだよ」という言葉に励《はげ》まされ、「もしかしたら私もできるようになるかもしれない！」と勇気をいただきました。

同時に、**外見ではまったくわからないけれど、じつは皆さん緊張で悩んでいる**ということを知ることができて、安心できました。

「この教室でがんばろう」「もうこれ以上、人前で話すことを必要以上に恐れるのはやめて、自分のあがりと向き合おう」と決心しました。

さっそく、職場での発表用のレジュメと台本を作りました。

考えてみると、いままで発表の機会があってもすべて逃げてきたので、こうして準備するのは初めてでした。

何度も読み上げ、まわりの人に聞いてもらいながら、練習しました。

そうするうちに、「人前で話す」＝「震える、イヤだ、逃げたい」から、「人前で話す」＝**「ちょっとできるかも？」**へと明らかに変わっていくのがわかりました。

いよいよ本番を迎え……結果は言うまでもありませんね！

逃げずにやり遂げた爽快《そうかい》感と、役所を辞めなくてよかったという安堵《あんど》感を、いままでも忘れることはありません。

この延長上に、いまの私があります。

あなたの人生も「話し方」で変えられる

この出来事をきっかけに、話し方講座でお世話になり、私はあがりを克服しました。

その後、講座のアシスタントとして、多くの方のあがり克服のお手伝いをするようになると、ひとつの疑問が湧いてきたのです。

当時、「話し方講座」といえば、元アナウンサーの方が定年退職後に開講され、話し上手な人がさらに上達しにいく教室、というイメージでした。

実際、「あがり症克服」とはっきりと謳《うた》った話し方講座は全国にも皆無でした。

どうして？

話がヘタなのは、生まれつき？

人に言うことができないほど恥ずかしいこと？

こんなにも悩んでいる人がいるはずなのに。

17年間の重度のあがり症の私でも、こんなに変われた。

話し方講座に救われた。
この体験を、世の中に広めるべきではないか、と。

私のように人知れず苦しんでいる人の力になりたいと思い、安定した公務員の職を今度は気持ちよくスパッと捨て（笑）、あがり症克服に特化した話し方講座「あがり症・話しベタさんのためのスピーチ塾®」を開校し、**誰でもラクにあがりを改善する方法**を確立しました。いまから12年前のことです。

さらに、2014年、全国初の元あがり症によるあがり症のための協会「一般社団法人あがり症克服協会」を発足、理事長に就任。

全国各地のカルチャースクール、学校、企業・団体で講演活動を行ない、これまでに1万4000人以上、他の講師を含めた協会全体では2万5000人を超える方のあがり克服のお手伝いをしています。

元重度のあがり症だった私だからこそ、よくあるスピーチのテクニックだけでなく、真のあがり克服のためのノウハウを伝えられると思っています。

あがり症克服に12年携わってきたなかで、

「重度のあがり症でしたが、100人の前でスピーチできました！」

「あがり症を克服して、セミナー講師になりました！」

そんな場面に、何千、何万回と立ち会ってきましたが、それらは奇跡でもなんでもなく、「いままで自転車に乗れなかった人が、練習して乗れるようになった」のと同じなのです。

スピーチ・話し方はスキルです。

自転車と同じでトレーニングすればうまくなれます。

自転車に生まれつき乗れる人はいませんよね。最初は補助輪を付けてもらって、まずはペダルを漕《こ》ぐことに慣れることからはじめたと思います。

慣れてきたら片輪ずつ外し、親に後ろで支えてもらいながらバランスを取る練習をし、最後に手を離してもらいます。

そうして「1～2週間練習したら、いつのまにか乗れるようになった」という方も多いのではないでしょうか。

車も同じ。はじめはまったく運転技術がなくても、教習所で学科と実技を学び、実習を重ねることで乗れるようになります。

勇気を出して自転車・車に乗れるようになった人は、行動範囲が広まるように、あがりを克服すると、人付き合いも仕事や趣味の幅も広がっていくのです。

勇気と自信と幸せを一気に手に入れよう！

この本は、こんな人に読んでほしいと思っています。

- □初めての場所へ行くと、「自己紹介をさせられるのではないか」と気が重くなる。
- □披露宴《ひろう》やパーティーが憂うつで仕方ない。
- □親睦会《しんぼく》やＰＴＡなどの会合では、いわゆる「ちょっと一言」が回ってこないようにと常に祈っている。
- □葬儀やホテルのチェックインなど、人前で字を書くのが怖い。
- □朝礼での発表が回ってくると、どうにかして休みたいと思ってしまう。

□カラオケや楽器の演奏など、人前でなにかを披露するのがイヤでたまらない。

そのうえ、

□「自分のあがり症は病気だから治らない」と思っている。

□「内気でネガティブな性格だから、人前で堂々と話すなんて無理」と思っている。

□近いうちにプレゼンがあるが、それがイヤでできれば会社を辞めたい。

□ありとあらゆる療法を試したが、緊張が改善しない。

□「このあがりさえなければ、もっといい人生だった」と思う。

もし、1つでも当てはまる方は、ぜひ最後までお読みください！

ちなみに、右記はすべてかつての私のことですが、いまでは、

- あがり症は治りました！
- 内気でネガティブな性格も治りました！
- （あがりのせいで）役所を辞めずに済みました！
- 催眠術も薬物療法も効果ナシでしたが、それでも改善しました！
- 人生がパラダイスになりました！

いっぽう、あがり症を放置しておくと、こんな弊害が……。

1 いつもビクビク・オドオドしなくてはならない。

忘年会、歓送迎会、同窓会、保護者会……人前で話す機会は無数にあります。いつどんな場面でも心から楽しめないですよね。

2 仕事で信頼されなくなる。

大事なプレゼンを逃避したり、会議でなにも発言しないビジネスマンは、周囲の信頼を得ることができません。

3 友だちも失う。

友人や同僚に「披露宴でスピーチしてほしい」と頼まれると、ついイヤな顔をしたり、断っていませんか。ずっと大親友だと思っていた友だちに、お祝いの言葉どころかイヤな顔をされる……その悲しさは一生忘れません！

4 自分のことが嫌いになる。

あがり症だから、人前が苦手だからと、逃げ続ける自分に嫌気がさしてきます。そんな状態では、一生堂々と話せませんよね。

5 人との会話が楽しめない。

人と接することに対する苦手意識を放置しておくと、心から会話が楽しめなくなり、相手に不快な印象を与えてしまいます。

1~5、すべてかつての私のことです……。

当時の上司、同僚、友人にこの場をお借りして深くお詫《わ》び申し上げます！

で、あがらずに話す力がつくと、こんなに〝イイコト〟があります！

●ビビりでなくなるから、営業、商談、会合、地域活動、合コン……どこに行くのも物怖《ものお》じしなくなる。

●本番に強くなれるから、職場でも取引先でも、信頼される。

●会話に困らなくなるから、仕事付き合いでも、仲間うちでも、ご近所付き合いでも、好印象を与えられる。

●人前で話すことに自信が持てるから、なぜか姿勢や表情、スタイルまでよくなる。

●結果、仕事も人間関係もうまくいくから、あなたの人生ががらりと変わる！

断言できます。

「話し方」は人生でもっとも大切なスキルです。

学生時代は、成績の良し悪しで優劣を決めますが、社会人になったあとは、「話す力があるかどうか」で、仕事がデキるかどうかが判断されてしまいます。

どんなに優秀な頭脳を持っていても、どんなにいいアイデア・企画を持っていても、それを発表するスキルがなければ、「持っていない」のと同じことになってしまいます。

「人前でスピーチができる人」は確実にビジネスチャンスが増え、人生が豊かになるのに、トレーニングしないのはもったいない！

さらに言えるのは、**この本を手に取ってくださった方は、「今後、人前で話す機会がある人」**だと思います。

それはすなわち、**「世の中に必要とされている人」**です。

人前で話すことは、誰かに求められて初めてできることだからです。

誰にも必要とされていなければ、人前で話す機会はありません。

「このスピーチを、他でもないあなたにやってほしい」

「このプレゼンは、すべて君に任せたい」

そう頼まれたとき、快く引き受けられるように。

いますぐでなくてもいいから、いつか、「やってみます！」「やらせてください！」

と言えるように。

そのために、この本を書きました。

たった一度の人生。
自身のあがりを見ないフリして、言い訳をして、一生人前から逃げ続ける人生と、
一度正面からあがりに向き合い、克服して、どんな場面でも快く引き受けられる人生。
あなたならどちらを選びますか？
悩んでも、あがりは治らない。悩む時間がもったいない！
１日でも早く練習をはじめて、早くラクになりましょう!!

２０１６年４月

鳥谷　朝代

1分のスピーチでも、
30分のプレゼンでも、
人前であがらずに話せる方法
Contents

Chapter 2 気まずくならない話の進め方

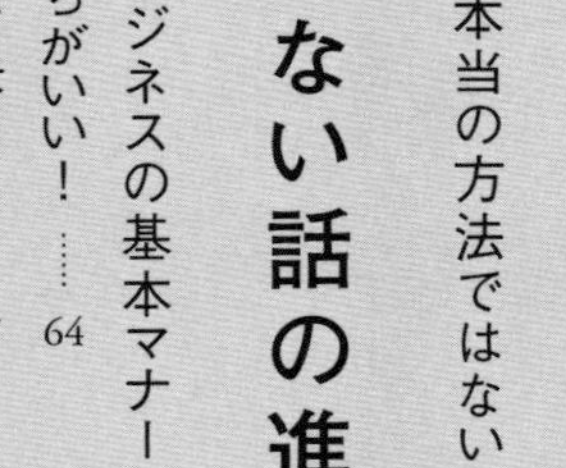

Chapter 3 声と姿勢を変えれば緊張が解ける

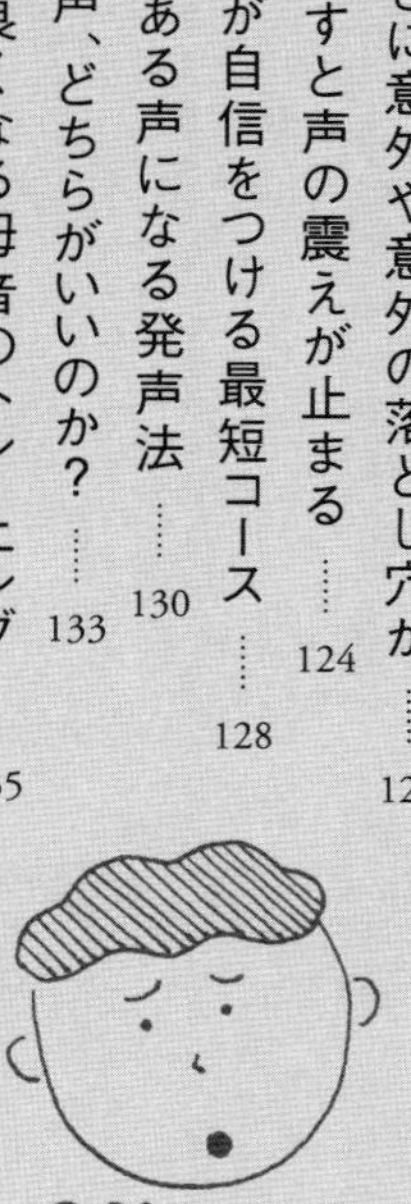

Chapter 4

本番に強くなる秘策を教えます

Chapter 5

どんな場面でもあがらずに話す方法

Chapter

1

人前でうまく話せないのはなぜか？

日本人の95％は、「話すのが苦手」

世間では「あがり症の人」に対してどのようなイメージを持っているでしょうか？

性格的におとなしくて地味？

人間嫌いなど、なにかしら精神的に病んでいる？

打たれ弱く、ここ一番で頼りにならない？


私はまったく逆の印象を持っています。


大勢の人を前にしては苦手意識があるけれど、一対一の商談や接客は普通にこなせる。

日常生活を送るぶんにはなにも問題ない。

私のところへレッスンにいらっしゃる方は、切羽詰《せっぱつ》まって駆け込み受講される方ばかりですが、見た目にはあがり症にはまったく見えない方ばかりです。

見た目はむしろ得意そうに見えるから、「ボクの結婚式でスピーチしてください！」「研修の講師をお願いします！」などと気軽に頼まれてしまう。

やってあげたいのは山々だけど、できない。

人前に出るのが得意そうな自分と、改まった場所ではあがってしまう自分……人知れず、そのギャップに苦しんでいる人が多いように思います。


かつての私が、まさにそうでした。

職場の人や友人はもちろん、家族にすら打ち明けられず、でもまさか私がそんなことで悩んでいたなんて、まわりはまったく気づかなかったと思います。


じつは、日本人の80～90％の人があがり症だといわれています。

私の感覚では95％以上の人があがり症です。

仕事柄、知人、友人に「人前で緊張しますか？」と聞いているのですが、**「緊張しない」と答える人を探すほうが難しい**のです。

ロータリークラブ様など、１００～３００人の経営者様の前で講演することがありますが、その際にかならずアンケートを行ないます。

「人前で緊張する方！」

１００人いたら、95名は手を挙げられます。

「どんなときに緊張しますか？」

「まさにこういった会場、場面で挨拶《あいさつ》するときです。原稿を書いていくのですが、見ないと不安で仕方ないです」

そう答えるのは、誰もが知る大企業の経営者様です。


テレビやラジオに出演させていただく機会も多いのですが、タレントさん、パーソナリティさんも、じつは本番前は皆さん緊張されています。

「毎日原稿読みで緊張してしまうので、鳥谷先生にあがらない秘訣を教えていただきたくて、企画書を出しました！」というラジオのパーソナリティさん、「ディレクター歴10年ですがいまだに緊張します。なので、鳥谷先生に出ていただく番組をつくりたかったのです。僕にしかできない企画です！」と言ってくださった番組ディレクターさんも。

見た目はそんなふうに見えませんが、大企業の社長様や、人前で話すことが仕事である講師業の方、これまで共演したタレントさんも、口を揃《そろ》えて「緊張します」とおっしゃいます。

これは日本にかぎらず、**欧米でも「人生のなかでなによりも怖いのはパブリックスピーキング」という人は少なくありません。**

あがり症は普段の性格や見た目ではわかりません。

平気そうに振る舞っているように見えるあなたの身近な人も、じつは緊張しているのかもしれませんよ！

「80％以上があがり症」と聞くと、安心しませんか？

私は、話し方講座に入会して、このことがいちばん〝目からウロコ〟でした。

まわりの皆があがり症で悩んでいるということで、安心して通うことができました。

精神内科に通院していたころは、「自分だけが異常」だと思っていましたから（けっして催眠療法や薬物療法を否定しているわけではありません！　私の体験談です）。

あがり症で悩む人が、まったく考えないこと

そもそも、私たちは、学校で「読み」「書き」は習っても、「話す」ことを学んではきませんでした。

「大勢の前で話す」＝未経験、非日常ですから、うまく話せなくて当然です。

披露宴《ひろう》など改まった場所でスピーチを頼まれたときに臆することなく引き受けられる人、「プレゼン、得意です！」と即答できる人は、果たして何割いるでしょうか。

「あがり症」というと、まるで病気のように聞こえますが、あがりやすいかどうかは人と比べようもなく、あくまで自己申告の世界です。

当然、見た目や普段の性格からは判断できません。

次のグラフは、私が代表を務めるあがり症克服協会の会員様データです。

どんな人があがりで悩んでいるのか?

男女比率

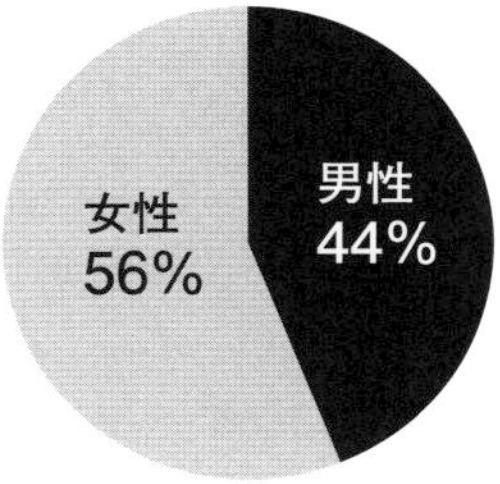

年齢比率

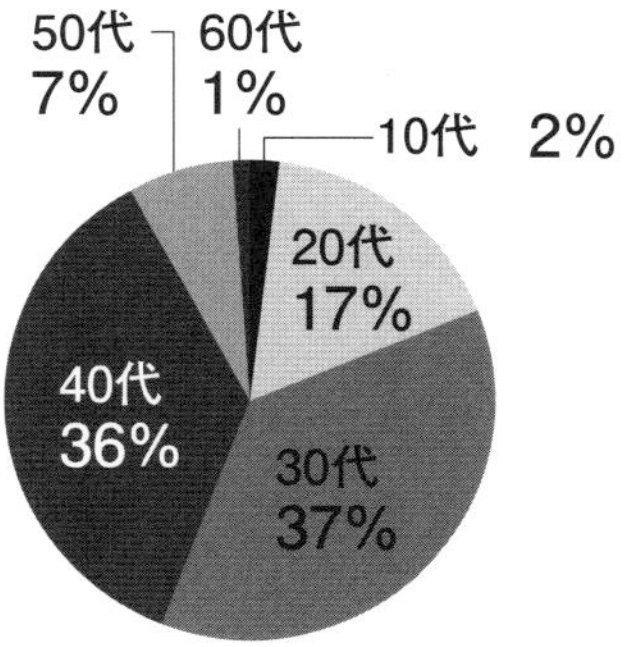

職業別

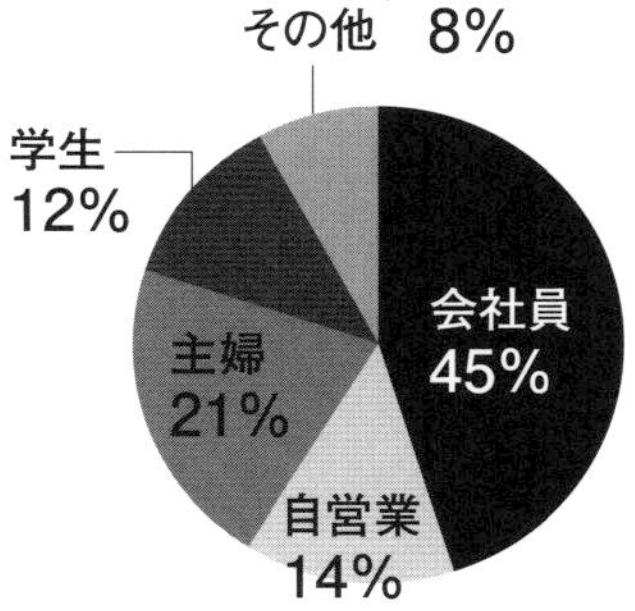

統計元　あがり症克服協会

年代別構成では、30～40代に集中していますが、下は小学生から上は80代までいらっしゃることからもわかるように、老若男女、どんな性格・職業の人も、みんな緊張するのです。

ちなみに、会員様には議員さん、お医者さん、弁護士さん、刑事さん、ミュージシャン、モデルさん、変わったところでは僧侶の方までいらっしゃいます。**人前で話さなくてもいい職業はない**ということですよね。

むしろ、社会的地位の高い方や、一般的にうまく話せて当然と思われる職業の方のほうが、プレッシャーは強いといえるでしょう。

ただ、大半の方は、見た目は普通にされていて、仕事もバリバリこなしています。

「なるほど～」と思ったエピソードをひとつ。

ある会場でセミナーを行なった際、緊張で悩むビジネスマンさんの付き添いとして、会社の社員教育担当の方がご一緒に受講されました（会社の上司や人事担当のご紹介でいらっしゃる方も多いのです）。

その担当者は、「自分はあがり症ではない」とのこと。

あがり症でない人が私のセミナーを受講されるのは、親御さんや上司などの付き添い以外ではありえません（当たり前ですね）。

せっかくなので、「あがらない秘訣を教えてください！」とお尋ねしたところ、その方いわく、「あがることを病気とか異常だと思わないだけで、皆さんのように、本読みやスピーチで失敗したことは何度もあります。あがり症は病気ではなく、あがったときの対処としてどう努力するかだと思います」。

おっしゃるとおりです！

「あがり症ではない＝緊張しない」わけではないということ。

私もあがり症を完全克服しましたが、まったく緊張しなくなったわけではありません。

緊張することを特別なこと、自分だけだと思い込むのをやめること。

私が伝えたいのは、この思考パターンの改善です。

「人前でしゃべる」＝ガチガチになる、恥をかく場所、二度とやりたくない。

「人前でしゃべる」＝緊張はするけど、思いを伝えられる場所、力を発揮できるところ。

同じ「緊張する」ですが、結果は180度違います。
この本を手に取っていただいた方には、ぜひ後者を目指してほしいです！

なぜ、〝必要以上に〟緊張してしまうのか？

次の順位は、「どんなときに緊張しますか？」というアンケート結果です。

❶大勢の前でスピーチをするとき……82・2％
❷初対面の人に会うとき…………36・5％
❸新しい職場や仕事をするとき………35・6％

（青山ハッピー研究所アンケートより）

大勢の前でスピーチをするときに緊張するという人がもっとも多いのは、ほとんどの人にとってそれは「非日常シチュエーション」だからです。
100人、200人を前にした改まった場所で話すことは、一生のうちにそうあることではないので、緊張するのは当然のことです。

では、単純に聞き手の人数が少ないときは緊張しないのでしょうか？

そうではありませんよね。聞き手が数名の場合でも、あがることがあります。

それでは、私たちはどのような状況や理由であがってしまうのでしょうか。

1 場慣れしていないから

一度のきっかけで人前に出るのが怖くなり、同じような場面を避け続けてしまうため、場慣れしていない人がほとんどです。

「人前で緊張する」という人に、**「これまで人前で何回スピーチしたことがあるか」と尋ねてみると、ほとんどないことが多い**のです。

「やったことがなければ緊張する」

当然のことなのですが、人前で恥をかきたくない、人に弱みを見せたくないという気持ちが無意識に働いてしまうのが、緊張しやすい人の特徴です。

2 プレッシャーを感じるから

知らない人の前よりも、知っている人の前、特に会社の上司や同僚、部下の前だと緊張してしまう人が多いのは、**仕事などの評価に直接響いてしまうため**です。

たとえば、私の講座の受講者には、学校の先生も多いのですが、児童・生徒の前ではまったく緊張しないのに、父兄参観になると途端に緊張するとおっしゃいます。

話す内容が同じでも、対象や状況が違うとき、また人の評価が気になるときなどは緊張感が増すのは当然のことです。

3 準備・練習不足だから

当然ですが、内容に自信がないと不安が増します。

しかし、**緊張しやすい人にかぎって、準備・練習をしない人が多い**のも事実。

「練習すると、当日の場面を思い出して、かえって緊張しちゃう……」

「内容を考えていくと、頭が真っ白になってしまったときに困るから、できればノープランで行きたい……」

気持ちはわかりますが、これでは永遠にうまくいかないですよね。

話がヘタな人には、6つの問題がある

人前であがってしまうというのは、スピーチすることに対してそれだけ真剣に向き合っている証拠です。だから、緊張すること自体はけっして悪いことではありません。

ただ、明らかに「落ち着いていないなぁ」「この人、スピーチが苦手なんだなぁ」という人がいらっしゃいます。

聞き手に話しベタと思われる人にはこんな傾向が見られます。

1 言い訳が多い

「まさか自己紹介をさせられるとは思いませんでした」「なにも考えてこなかったので……」などと言い訳から入る人。クセになってしまっているので直しましょう。聞き手からすると、せっかくあなたの話を聞こうとしているのに、**「面倒くさい人だなあ」という印象を与えてしまいます。**

2 **発言がネガティブ**

「でも私の話しベタは生まれつきだから」「どうせうまくいかない」といった「**魔の5Dフレーズ（でも、どうせ、だって、だから、だけど）**」を連発する人。まずはその口ぐせを直しましょう。ネガティブ発言が多い人の話は、聞いていて気分が悪く、イライラしてしまいます。一瞬にして場の空気を凍らせてしまう可能性も。

3 **話が長い、まとまりがない**

聞き手のことをまったく考えていない人です。あがり症の人にかぎって話が長い人が多いので、要注意！ **まとまりのない話を長々と聞かされることほど、苦痛なことはありません。**挙句、「仕事ができない人」というレッテルを貼られてしまいます。

4 **すぐに無表情になってしまう、ブスッとしてしまう**

見た目の印象も話すときの大切な要素です。人に好かれる表情を勉強しましょう。どんなに内容が素晴らしいスピーチでも、無表情、無関心な表情では魅力が半減するどころか、**「なにか気に入らないことでもあるのだろうか？」と思われてしまいか**

ねません。プレゼンや商談、面接では致命的です。

5 会話のキャッチボールがうまくできない

一対一でも大勢の前でも、相手あってのことです。聞き手とのコミュニケーションを図りましょう。会話のキャッチボールがスムーズにできないと、**「こちらが話していても、うんともすんとも言わないから、話していて面白くない」**「もしかして私のことが嫌いなのかな」と思われてしまいます。

6 一瞬の「間（沈黙）」に耐えられない

会話をしていて、ちょっとした沈黙や間が空くときがあります。相手は、いましている話題について真剣に考えているのかもしれません。あるいは、人の話を聞くのは集中力がいるため、少し休憩をしたいのかもしれません。それなのに、「沈黙恐怖症」の人は、その間を埋めなければいけないと思い込み、畳みかけるように話しかけてしまいます。**相手の都合や心情を考えずしゃべり続ける、いわゆる「マシンガントーク」は、相手を疲れさせてしまう**こともあります。

3つの思考が人生に影響を与えている

私の経験上、あがり症の人は、3種類の「思考パターン」に分類できます。次のチェックリストを試してみてください。

□❶人前に出ると人の視線が気になる
□❷自分以外はみんなうまく感じる
□❸こんなにあがっているのは自分だけだと思う
□❹あがり症であることを家族や友人に言えない
□❺この本を買うことも恥ずかしいと思う
□❻いままで苦手なことは避けてきた
□❼準備・練習はあまりしたくない
□❽本番当日はできれば仮病を使いたい

傾向にあります。❶〜❸は自意識過剰グセ、❹〜❺はええかっこしいグセ、❻〜❽は逃げグセがある

1　自意識過剰グセ

「自分が見られている」と過剰に意識する人です。「手元が注目されている」と感じると、書痙《しょけい》などの症状が出やすくなります。

2　ええかっこしいグセ

「失敗したらどうしよう」「恥をかきたくない」「自分をよく見せたい」と思う人です。そのこと自体は悪いことではありませんが、あまりにもそういった意識が強すぎると、過剰な緊張につながります。

3　逃げグセ

「どうやって話の内容を伝えるか」ではなく、「どうやって逃げるか」を考える人です。逃げグセがあると、克服が難しくなってきます。

少々耳が痛いですよね……。ちなみに、**かつての私は8項目すべて当てはまりました。**家族にも職場にもあがり症であることを隠していましたし、どうやって相手に伝えるかではなく、今日も声が震えたらどうしよう……という自分本位の考え方しかできませんでした。

あがり症だから逃げるんじゃなく、逃げるからあがり症になる。

そんな単純なことに気づいたのは、随分後になってからでした。

いまはというと、一つも当てはまりません。

それは人前に対する思考パターンを変えたからです。

緊張でいっぱいになったとき、なにが起こるのか？

あなたは、緊張するとどのような状態になりますか？

私は、まず心臓がドキドキし、やがて手足が震えだし、本番では声の震え、上ずりが悩みでした。それから、緊張するとなぜか涙が出てきてしまいました。別に悲しい

つらいあがりの代表的な症状

- 赤面する
- 目が笑っていない
- 目が泳いでいる
- 瞳孔がやけにひらいている
- 顔が引きつっている
- 無表情のまま

- 言葉が詰まる
- 声が震える・上ずる
- 吃音《きつおん》・早口になる
- 語尾が小さくなる
- クッション言葉として「え〜〜、あの〜〜」「すみません」が多い

- 手や脚が震える
- 冷や汗が出る
- 口が渇く
- 吐き気がする・胃酸が過剰に出る
- 頭が真っ白になる

わけではないのに涙が溢《あふ》れてきてしまうという方は、私の生徒さんにも多いです。

そのほか、赤面、汗、顔の引きつりを感じる人も多いと思います。

人は不安や恐怖を感じると、神経伝達物質「ノルアドレナリン」が血液中に多量に分泌《ぶんぴつ》され、自律神経のうちの交感神経を刺激します。

すると心拍数や血圧、体温などが急上昇します。

体温を下げるために汗をかき、筋肉が硬直《こうちょく》することにより震えが起きてきます。

消化機能が抑えられるため、食欲がなくなったり、お腹が痛くなったりします。

しかし、これらはけっして悪いことではありません。

体が戦闘態勢に入っているということです。

たとえば、動物は外敵から身を守るために、危険を察知するとまわりの動きに集中し、全身を硬直させ、素早い行動ができるよう対応します。

この本能がなければ、たちまち命の危険にさらされてしまうのです。

人も同じ。人前はある意味「危険が差し迫った状態」ですが、交感神経が優位に立つことで、集中力・身体能力を高め、パフォーマンス向上へとつながります。

あなたの「あがり度」をチェックしてみましょう
（できるだけ具体的に書きだしてください）

例　声の震え、上ずり ➡ 話の途中で声が上ずり、息苦しくなる

声の震え、上ずり ➡

手の震え ➡

足の震え ➡

目線 ➡

赤面、汗 ➡

胃痛、吐き気、頻尿 ➡

吃音、滑舌 ➡

待ち緊張 ➡

その他 ➡

私たちの体はとてもよくできています。あがりの症状は、異常でも病気でもなく、ここ一番という場面に遭遇したあなたの心と体を助け、応援してくれているのです。

一流のアスリートはこのあたりをうまくコントロールします。

私も、人前に出るときはいまでも緊張しますが、この緊張感を楽しみ、パワーに変えることができるようになりました。

交感神経が優位な状態が、けっしてスピーチ成功の妨げになるわけではないということです。

もちろん、過度な緊張はよくありませんが、「適度な緊張感」はパフォーマンスを向上させます。

家でくつろいでいるような態度で臨んでも、人の心を動かすことはできません。

繰り返しますが、「**緊張はけっして悪いことではない**」、そして「**適度な緊張感は最大のパフォーマンスを生む**」ということがポイントです。

そして、緊張はコントロールすることが可能です。「緊張をコントロール」できるようトレーニングし、聴衆の心を打つスピーチを目指しましょう！

苦手意識はすべて、「過去の体験」のしわざである

あなたはいつごろから緊張を意識するようになりましたか？

私の場合は、小学生まではむしろ本読みが得意なほうだったのに、中学に入ったら急に緊張を意識しはじめました。

私のような人は少なくありません。社会人になってから急にあがるようになったという人もいます。

子どもには緊張の認識がなく、初めて認識するのは、概《おおむ》ね中学〜高校生くらいの思春期で、自我が芽生《めば》え、自意識過剰になる時期であり、大人になる過程での自然現象ともいえます。

私も、学生時代の教科書読みでの手と声の震えにより、あがりを自覚しました。

受講生の方々にはこんな過去の体験を引きずっている方が多いです。

学生時代のトラウマ一例

●教科書読みで声が震えた。
●リコーダーのテストで指が震えて吹けなくなった。
●歌のテストで緊張して声が出なくなった。
●部活の試合で緊張して失敗した。
●面接で一言も話せなかった。

社会人になってからのトラウマ一例

●自己紹介でうまく話せなかった。
●会議や研修で思うように発言できなかった。
●結婚式の挨拶で頭が真っ白になってしまった。
●朝礼やプレゼンで詰まってしまった。

●お茶出しのときに手が震えて、カチャカチャ音を立ててしまった。
●お酌《しゃく》で手が震えて恥ずかしい思いをした。
●ゴルフのティーショットやパットで硬直し、ミスを連発した。

このようにきっかけ、場面はさまざまですが、たった一度の失敗体験であがり症になってしまうこともあります。

過去の失敗により、そのことを想像するだけで緊張・不安を感じる（予期不安）。

▼

できれば逃げたいという気持ちが強くなり、準備・練習も怠《おこた》り気味になる。

▼

自信が持てないので、さらに予期不安が増幅する。

▼

体が硬直して、本番で失敗する。

▼

さらに苦手意識が強くなる。

という、いわゆる「負のスパイラル」です。

人前で話すことに対する苦手意識や恐怖心が一度植え付けられると、人知れずひとりで解決するのは非常に困難であるといえます。

そして、なにより問題なのは、それによって人前に出ることを避け続けること。挑戦を諦《あきら》めてしまうこと。

逃避を繰り返すと、人前に対するマイナスイメージがますます膨《ふく》らんでしまうだけでなく、「自分はまた逃げた」という自己嫌悪《けんお》感がさらに強くなってしまうため、ますます悪化してしまいます。結果、子どものころのたった一度の失敗で、その後何十年と緊張に悩まされる人も多いのです。

あなたの知っている克服法は、本当の方法ではない

私は、17年ものアガリスト時代、精神内科の通院などそれこそさまざまな療法を試

したのですが、すべてダメで、「やっぱりなにをやっても、いくらお金をつぎ込んでも、私のあがりは治らないんだ……」と、どんどん落ち込んでいきました。

私の生徒さんも、高額の催眠療法やセラピー経験者がほとんどです。**なかには100万円以上つぎ込んだという方も……。**

「先生ともっと早く出会っていれば〜」と毎回言われます……（私だって、もっと早く出会いたかったです!!）。

「場数が大事」といった根性論、「聴衆はカボチャ」といった都市伝説（!?）、それ以外にも巷に溢《あふ》れる「あがりを克服する方法」は、本当に効果があるのでしょうか？

17年間もがき続け、ありとあらゆる方法を試した私の経験と考えをお話しします。

1 場数を踏む

「習うより慣れよ」という言葉があります。「人や本から教わるよりも、自分が練習や経験を重ねたほうがよく覚えられる」という意味です。

しかし、**人前で話す機会をたくさん経験すれば、自然と緊張しなくなるということ**

は、あまり期待しないほうがいいです。

経験から学ぶということはあります。失敗経験を次に生かすこともできます。

ただ、極度のあがり症の人は、人前で頭がパニックになってしまうので、後悔は残っても、なにを反省し、次の成功のためにはなにを補うべきか、客観的に見えないことが多いのです。

人前で話すときの準備方法や、基本的な型を身につけたうえで人前に立つほうがよほど効率がいいというわけです。

どの習い事もそうですが、我流はあくまで我流。基礎ができていないと、結局あとで苦労することになります。

私は、「この本さえ読めば上達できる！」と思って書いているわけではありません。

成功するための方法は精一杯お伝えしますが、本でできるのはそこまでです。

この本を読み、少しの勇気が持てたら、ぜひ行動を起こしてほしいです。

「わかる」と「できる」は違います。

学び、理解し、繰り返し体験することで、身についていきます。

「習うより慣れよ」よりも、「習って慣れよ」。

「人や本から教わって、さらに練習や経験を重ねる」が最強だと思います！

2 手のひらに「人」という字を書いて飲む

よく、「手のひらに『人』という字を書いて飲むとあがらない」と言われます。効果はどうでしょうか？

その瞬間は緊張から意識を遠ざけられたり、手先を使うことで身体的リラックス効果もあるかもしれませんが、**おまじない程度のもので、緊張を緩和する方法として科学的な根拠があるとは思えません。**

なんでも「人を飲み込む」という意味から、「人」という字を書くといいといわれるようになったとかならないとか。もはやダジャレですね。(笑)

「それをすることでリラックスできる」ということであれば、その方にとってのあがり解消法ともいえますが、「気休め」程度の効果しかないと思います。

アスリートで「試合の当日は焼肉を食べる」「左足から靴下を穿《は》く」などのいわゆ

る「ゲン担《かつ》ぎ」をする人もよくいますが、それは血のにじむような努力があって、初めて意味を成すもの。基礎や準備ができていない人が神頼みをしたところで、残念ながらまったく意味はないでしょう。

ちなみに、私はゲン担ぎの類《たぐい》はいっさいしません。やるべきことをやっていれば、必要ないと思っています。

また、対面のコミュニケーションはどう展開していくか予測できないので、どんなに自己暗示をかけても、ちょっとしたことで醒《さ》めやすく、また**暗示がとけると拠《よ》り所をなくしてますますパニックになってしまう**こともあります。

おまじないや暗示に頼らず、「どうしたら上手にスピーチできるか」を基礎から学んで、実践していくことをお勧めします。

3 聞き手をカボチャと思う

これも昔からよくいわれていますね。ジャガイモバージョンもあるとか。(笑)

なぜ野菜系なのかはわかりませんが、人に見られていると緊張するから、野菜かなにかだと思えってことでしょうか。

イヤ、これって難しくないですか？

一対一ならどうでしょう？

逆の立場だったら？

自分の旦那《だんな》さん（または奥さん）が、自分のことをカボチャだと思って話しかけてきたらイヤじゃないですか？

私は、聴講に来てくださった方を「カボチャ」と思ったことは一度もありません。カボチャと思い込む技術があるなら、一対一で話すときと同じように「自分の理解者・味方」って思って話すほうが断然いいです！

人前で緊張する人は、**「まわりは敵」「あら探しをされる」という思考になりがち**ですが、けっしてそんなことはありません。
敵対心がある・ないというより、「あまり関心がない」というのが正しいかもしれません。（苦笑）
たとえば、最近出席した結婚式のスピーチの内容を覚えていますか？
直近の宴会での乾杯のスピーチの内容を覚えていますか？

そんなものなのです。失敗した本人はそのことをずっと覚えていますが、まわりはまったくといっていいほど覚えていないものです。

スピーチは「ライブ」です。

もう二度と同じ場面はないし、まったく同じ内容を話すこともない。その場かぎりなのです。

だからこそ、誠心誠意、話すべきなのです。

たとえ失敗したとしても、構いません。

アーティストが歌詞を間違えたり、演奏順を間違えたりしたとしても、それでライブすべてが台無しになるわけではないですよね。

アクシデントも、「ライブ」の醍醐味《だいごみ》です。二度と同じシチュエーション、セリフはないのです。

「自分の話を聞いてくださる大切な人」に向けて、「一期一会《いちごいちえ》」の気持ちで話してみてください。

そんなあなたの話しぶりに、聞き手はきっと大ファンになるでしょう。

4「緊張しませんように」と自分に言い聞かせる

「緊張しないように」と思えば思うほどあがってしまうという経験、誰にでもあると思います。

では皆さん、いまから実験です。

「梅干しのことだけは考えないようにしてください」

どうですか？
梅干しのイメージがバッチリ出てきてしまいませんか？
敏感《びんかん》な人は、口のなかが酸《す》っぱくなってきたのではないでしょうか。

こういった現象を象徴した「シロクマ実験」という研究をご紹介します。
シロクマ実験は、1987年、アメリカで行なわれました。
被験者を3つのグループに分け、約50分間シロクマのビデオを見せます。
Aグループには、「シロクマのことを覚えておいてください」

Ｂグループには、「シロクマのことは、考えても考えなくても構いません」

Ｃグループには、「シロクマのことだけは考えないでください」

と伝えます。

内容をいちばん覚えていたのは、なんとＣグループでした。

「考えないように」と思うと考えてしまうこと、これを心理学で**「抑制の逆説効果」**といいます。

シロクマ（＝緊張）のことを無理に忘れようとしてはいけません。緊張とはうまく付き合い、仲良くしましょう！

「緊張」は人生のスパイス、緊張感のない人生なんてつまらないですから。

5 話すことを何日もかけて丸暗記する

原稿を事前に書いて本番に備えることはとてもいいことだと思います。

スピーチの内容を覚えることもけっして悪いことではありません。

しかし、「丸暗記」となると、少し違います。

「原稿丸暗記」というのは、本番では「絶対に言い間違えてはいけない、完璧にや

らないといけない」という間違った意気込みにつながりがちです。

スピーチ原稿を丸暗記することは、「ほんの一言言い間違えただけで焦《あせ》ってしまう」「たった1フレーズの言葉が出なくなるだけで頭が真っ白になり、すべて飛んでしまう」といった危険性をはらんでいるのです。

さらに、そういったことが起こると、「言い間違えたところに再び戻って繰り返す」「結果、原稿に頼りっぱなしの気持ちの伝わらないスピーチになる」という残念な結果になることが多いです。

そこで、私のお勧めは、慣れないうちは原稿を書いて練習するところまでは同じですが、原稿と違う表現、違う言い回しになってしまっても、あるいは数行飛んでしまっても、そのまましゃべり続ける練習をすること。

たとえば、「～と存じます」が「～と思います」になってしまっても、いちいち言い直さない。

聞き手にとってはどっちでもいいことです。

話の前後が多少入れ替わっても、数行飛んでしまっても、気にせずそのまま続ける。

そんなことは原稿を書いた本人にしかわかりません。

なにより避けたいのは、「練習で一字一句間違えずにできたのに、本番で真っ白になること」。

そのためには、「原稿と違うことを言ってしまう」という経験も必要です。

「原稿にはなかった言葉を話してしまった」

……それはきっと、「**そのときの気持ちにフィットした言葉**」なのでしょう。落ち込む必要はありません。

何日も前に書いたものより鮮度バツグンですから、ぜひそちらを優先してください！

1～5に共通するのは、「神頼みと根性論ではどうにもならない」ということです。

ここに挙げた方法よりも確実にあがりを解消できる方法がありますので、次章以降でお伝えします！

Chapter

2

気まずくならない話の進め方

緊張感を持って接するのが、ビジネスの基本マナー

「戦《いくさ》の前に、まず敵を知る！」ということで、1章では、「あがり」「緊張」について、徹底的に勉強しました（緊張は敵ではないですけどね）。

2章ではいよいよ、「実際に話す」トレーニングをしていきましょう。

元プロテニスプレーヤーの松岡修造さんはこんなことをおっしゃっています。

「緊張するのは、自分自身が本気になっている証拠です。僕自身、テレビ番組や講演会など人前で話すときは、今でもかなり緊張しています。手が氷のように冷たくなり、心臓の鼓動が聞こえるときもあります。

でも、緊張している状態は嫌いではありません。極度に緊張するのは、『この思いをしっかり伝えたい』『この試合は絶対に勝ちたい』、そんな気持ちが強いからです。

なんとなく中途半端だったら、緊張しないはずです。それだけ自分が本気になっている証ですから、『緊張してきた。どうしよう』と不安を覚えてはいけません。逆に『緊張してきた。よっしゃあー!』というぐらい、自分を応援したり、喜んじゃいましょう。」

『松岡修造の人生を強く生きる83の言葉』(アスコム)より

私は、毎日多くの方の前でセミナーを行ないますが、毎回適度な緊張感のなか、お話ししています。

取材や打ち合わせに来た人が緊張感もなくダラダラと話す人だったら、「もう二度と一緒に仕事したくないな」って思ってしまいます。

ビジネスシーンで緊張感を持つのは、悪いことではなく、必要なことです。**相手やこの仕事に対して、真剣に、真摯《しんし》に向き合っている証拠**ですから。

あの矢沢永吉さんでも、ライブの前の日は緊張で眠れないといいます。

ただ、**緊張感を持って人前に出ることと、「あがってしまって、支離滅裂《しりめつれつ》になる、真っ白になる」ことと**は違います。

また、特にビジネスでは、忙しい時間を割《さ》いてあなたの話を聞いてくれているわけですから、「パブリックにふさわしい話し方のスキル」を身につける必要があります。

この章では、そのスキルについてお伝えします。

こんな人とは話していて気持ちがいい!

あなたのまわりにいる、話していて気持ちのいい人、感じのいい人、信頼できる人、きちんとした話し方ができている人を思い浮かべてみてください。

- 表情豊かである。
- 手振り、身振りがある。
- 発声、発音が明瞭《めいりょう》でわかりやすい。
- 話すスピードがちょうどよい。
- 話し方に緩急《かんきゅう》があり、引き込まれる。

● 適度な間がある。
● 聞き手と目を合わせることができる。
● 聞き手の反応を見ることができる。
● 場の空気を読み、時には笑いを取ったり、アドリブを入れることができる。

なにを、誰に、どのように伝えるかを意識し、聞き手とのコミュニケーションを楽しめる人です。

では逆に、あなたが一緒にいて、話しづらい人、早く会話を切り上げたい人、この人に頼み事や仕事の依頼をして大丈夫なのかと心配になる人を思い浮かべてみてください。

● 無表情、無感情。
● 体が硬直《こうちょく》している、余分な動きが多い。
● 発声が弱い、発音が聞き取りにくい。

●早口で聞き取りにくい。
●話し方が一本調子でメリハリがないため、聞き手が飽きてしまう。
●適度な間がない。
●聞き手と目を合わせることができない。
●聞き手の反応を見ることができない。
●雰囲気や流れを読むのが苦手で、その場に応じたアドリブができない。
●なにか聞くたびに黙《だま》り込んで考えはじめてしまう。

独りよがりで自己中心的な話し方の人です。

どんなスピーチ、会話にも相手がいます。「上手に話す」「面白い話をする」ことも大事ですが、相手がいる以上、人前で話すときにはかならず押さえておきたい基本ルールがあります。

どんな会話も「3分できるか」で決まる

人が集中・ガマンできる限界の時間は「3分」といわれています。

ボクシングの1Rは3分、カップラーメンの待ち時間は3~4分。

テレビCMにいたっては、15秒や30秒が多いので、特に現代人は、自分の興味のない話や映像を、長く見聞きするのが難しいといわれています。

逆にいうと、**3分間程度のスピーチをしっかり話せる人は、「スピーチがうまい人」として印象づけられます。**

普段の会話でも、ビジネス会話でも、あるひとつの話題を続けるのは、3分くらいがちょうどいいと思います。

ニュース番組でも、あるトピックを長々とは取り上げないように、いつまでも同じ話を続けるのはつまらないですよね。

コミュニケーションが苦手という人は、「長く話さなければいけない」と考えがちですが、**「会話は3分の積み重ねでできている」**と考えてみてはいかがでしょうか。

3分を制することができれば、10分の立ち話でも、1時間の打ち合わせでも、それぞれ3つの話題、20の話題に小分けすればいいということになります。

ということは、仮にどこかでつまずいても、別の話題で挽回《ばんかい》すればいい、という思考になり焦《あせ》らなくなるわけです。

10分、30分、1時間と大きな単位で考えるから億劫《おっくう》になってしまうのです。

もっといえば、会話はキャッチボールですから、3分といっても、自分の手持ち時間はその半分。そう考えるだけでも、沈黙を恐れるあまりの、「なにか話さなきゃ」という焦りもなくなるのです。

私の教室でいつもやっているトレーニング法を紹介します。

「いまからみんなの前で、お好きなことを話していただき、1分経ったなと思ったところで、話を切り上げてください」

私の生徒さんはトレーニングしていますので、皆さんなんと55〜58秒くらいで止めます。それはもう見事に計ったようにです！　もちろん時計などいっさい見ずに。「1分間が感覚としてどれぐらいの長さか」「3分スピーチにはどの程度の内容が盛り込めるか」をいつも体感しているので、緊張する場面でも、体内時計が正確に時を刻んでいるわけです。

では、まったくトレーニングしていない人が同じことをしたら、どうでしょうか。不思議なことに、時間のある人は少なく、たいていはオーバーします。ひどい人だと、1分といっているのに、2分、3分と話し続ける人も。

意外かもしれませんが、**「私はあがり症・話しベタです」という人のほうが「話が長くなる」**傾向にあります。

話の着地点が定まらず、自分でもなにを言っているかがわからなくなってしまい、やがて時間感覚を失ってしまうからなんですね。

「長くて整理されていない話」を聞かされるのはかなりつらいです（経験ありますよね……）。

「早く終わってくれないかな……」と思われたら、一発アウトです。


「会話」というのは、相手があって初めて成立することです。

要は、「相手の時間を奪っている」のです。

緊張しても、多少声が震えても、相手に迷惑をかけることはありませんが、なにが言いたいかわからない話、回りくどい長話は迷惑行為です。

途中でさえぎるわけにもいかず、周囲は困惑してしまいます。

ダラダラとまとまりなく話してしまう人は、スピーチの「型」を学びましょう。

話の組み立て方を変えるだけで、一気に話し上手になれる可能性もありますよ！

会話のベストバランスは「短く」「わかりやすく」

話の上手な人というのは、自分の伝えるべきことを、短い持ち時間のなかでコンパクトに話せる人です。

そのためのポイントは次のとおりです。

1 目的を意識する

誰のために、なんのために話すのかを意識していれば、場違いなスピーチにはなりません。

2 短ければ短いほど良い

自己紹介や朝礼なら1分程度にします。乾杯なら30秒でＯＫ。聴衆は立ってグラスを持っているわけですし、ビールの泡が消えていくのをイライラしながら見ていることほど悲しいことはありません。（苦笑）

聞き手やまわりの状況や立場を考えましょう。

時間指定のないスピーチなら３分以内におさめます。それ以上は長く感じます。

3 簡潔でわかりやすく話す

長くダラダラと間延びしたスピーチは聞いているほうが苦痛です。短いセンテンスで話しましょう。

5W1Hを明確にして話すと、情景が思い浮かべやすいです。

これは職場でのホウレンソウ（報告・連絡・相談）も同じで、短く伝えることができないと、「で、結局なんなの？」「要点から話して」と叱られます。

※5W1Hとは：Who（誰が）What（なにを）When（いつ）Where（どこで）Why（なぜ）How（どのように）

4 言いたいこと（テーマ）を一つに絞る

あれもこれもと枝葉をつけすぎると、誰にも響かないスピーチになります。普段の会話においても、キャッチボールを意識して、一度にぜんぶを話さないようにすることが大事です。

このように、話が上手な人は、緊張を隠すことにフォーカスせず、常に聞き手の立場に立ち、短くわかりやすく話すよう心がけています。

1分間で300字くらい話すのがちょうどいい

あがり症の人は、つい早口になりがちですが、「ゆっくり」話しましょう、といわれても、どれくらいの文字量を話せば、相手に好印象を与えられるのか、わからない人も多いと思います。

一般的に、アナウンサーが話すスピードは、1分間で原稿用紙1枚ぶん弱（350～400字）といわれています。

ニュースは、多くの情報を正確に伝える必要があるため、アナウンサーは日々、誰が聞いても聞き取りやすいよう発声や滑舌《かつぜつ》の訓練をしています。

一般の方がその速度で話すと、やや聞き取りづらく、またスピーチとしては「速い」という印象を与えますので、スピーチの場合は1分＝300字程度、3分スピーチであれば900字程度にまとめましょう。

アナウンサーが話すより、間を取ってゆったり話すイメージです。

また、会場が大きくなればなるほど、マイクを通した話し声が響きやすいので、よりゆっくり話すよう心がけましょう。コンサートホールでの影アナウンスのイメージです。

「皆さん、おはようございます。一般社団法人あがり症克服協会の鳥谷朝代と申します。

『日本中から、あがり症で苦しむ人をなくす』というミッションのもと、全国各地で講演活動を行なっています。

今日は皆さんと一緒に楽しく勉強していきたいと思いますので、どうぞよろしくお願いいたします」

これで１３６字。原稿にして、ほんの２～３行です。

短い自己紹介や挨拶《あいさつ》、乾杯の発声なら30秒でも十分なので、この程度の文字数でOKです。

ただし、「え〜〜」「あの〜〜」といった口ぐせや、「まさか急に挨拶させられるとは思いませんでしたが……」といった**必要のない遠慮や言い訳を挟むと、一気に文字数をロスします**ので、くれぐれも気をつけてください！

逆に、ちょっとした自己紹介や挨拶で、名前しか言わない、あるいは「よろしくお願いします」しか言わないのは、せっかくのスピーチチャンスがもったいないので、せめて2〜3行は話すようにしましょう。

「3分スピーチネタ」があるだけで、一気に話しやすくなる

先に述べたとおり、会話とは相手があって初めて成立するものであり、「言葉のキャッチボール」です。

一方的に長々と話すのは「壁打ちする」のと同じであり、相手の話に沿って話を進めないと「聞いていない」と思われてしまいます。

相手から言葉のボールをキャッチしたら、すぐに投げ返してあげないと、会話のテ

ンポが崩れてしまいます。

そのうえで、突然スピーチを頼まれたときでも、初対面の人と自己紹介しあうときでも、お客さんと雑談するときでも、「すぐに出せる短い話」をストックしておくことが大事です。


これは、いつ、どんなときでも、どなたでも使える話材です。

思いつくもの、関連フレーズ、エピソードなどをどんどん書き出していき、スピーチのネタとしてストックしておきましょう。

現在のことにかぎらず、過去→現在→未来と広げていくと、エピソードも広がっていきます。

この作業を行なっているうちに、伝えたいことが整理され、明確になってくるでしょう。

それが、あなたにしか話せない、あなたらしいスピーチのネタになります。

いつでも出せる「短い話」を考えてみましょう

パーソナリティについて

好きな食べ物・嫌いな食べ物 →

最近ハマっていること →

休日の過ごし方 →

趣味・特技 →

子供の頃の将来の夢 →

好きな芸能人 →

学生時代の思い出 →

今まで買った一番高いもの →

健康法、ストレス解消法 →

好きな映画 →

好きな本 →

最近うれしかったこと →

最近悲しかったこと →

自分の長所と短所 →

あなたにとってのパワースポット →

家族について →

好きな異性のタイプ →

宝くじで100万円当たったら? →

願い事がひとつだけ叶うとしたら? →

「実は私○○なんです」 →

初恋のエピソード →

旅行の思い出 →

今住んでいる街について →

無人島に3つだけ持っていけるとしたら? →

尊敬する人 →

座右の銘は? →

季節ネタ

好きな季節 →

雨(または雪)の思い出 →

ゴールデンウィーク(または夏休み、冬休み等)の過ごし方 →

ゴールデンウィーク(または夏休み、冬休み等)の思い出 →

クリスマス・バレンタインの思い出 →

あなたにとって「○○の秋」とは? →

この1年を振り返って →

今年の目標 →

時事問題・ニュースより

経済について →

災害について →

環境問題について →

スポーツについて →

話のネタを探すときのポイントは、

1　周囲の出来事に広く関心を持ち、常にアンテナを張っておきましょう。

「話すネタが思いつかない」という人がいますが、日常生活のなかにネタは溢《あふ》れています。自分の関心事だけをストックすると、スピーチや会話で使えるネタが制限されてしまうので、広く情報収集しましょう。

2　スピーチのネタになりそうな出来事があったら、すぐにメモを取りましょう。

人に見られる文章を書く＝ブログやフェイスブックなどで日々発信しておくのもお勧めです。人に見せる前提で文章を書いていると、自然な会話ができるようになります。

3　相手に「興味」「関心」を持ってもらい、「共感」「感動」してもらうのがスピーチ成功の秘訣です。

たとえば、年配の男性上司であれば、相撲《すもう》や野球など、自分のまわりにいる人の年齢を考えるだけでも、話していて盛り上がりそうなネタがなにかは見えてきます。

まったく興味がなさそうな話をすると、会話がぎくしゃくしてしまいます。

親近感のあるもの、欲求に訴えること（健康、美、食など）は、老若男女多くの人の興味をひきます。

このように、ネタ集めも、聞く人を意識して、独りよがりにならないことが大切です。

「きちんとした」起承転結は意識しない

ストーリーを構成するときによく使われる「起承転結」。起承転結とは、

「起」▼導入部分
「承」▼起から転へ向けての接続部分
「転」▼話の核心部分

「結」▼話の結論部分（オチ）

です。小説や映画・ドラマの脚本などではよく使われる手法ですが、２〜３分のショートスピーチでこれを構成しようとすると、１パート30秒〜40秒程度しか話せなくなり、中身の薄いスピーチになってしまいます。

よって、ショートスピーチでよく使われるのが、「**三段構成**」、いわゆる「序論・本論・結論」です。

「序論」▼**挨拶、自己紹介、テーマ**
「本論」▼**具体的なエピソード**
「結論」▼**結び**

「謝恩会でのスピーチ」を例に、具体的に見ていきましょう。

1 序論

「皆さま、本日はお忙しいなか、お集まりいただきまして、誠にありがとうございます。

○○○○の母の△△△△でございます。
先生方、保護者の皆さまのおかげで、このような素晴らしい謝恩会を行なうことができましたことに感謝の気持ちでいっぱいでございます。

最後に一言、お礼のご挨拶を申し上げます」

2 本論

「先ほどの卒業式で子どもたちが立派に卒業証書を受け取る姿を見て、入学から今日までの日々が、走馬灯のように浮かんでまいりました。

運動会、学芸会、遠足、修学旅行……親としては心配や不安なこともありましたが、子どもたちの成長と笑顔に勇気づけられた6年間だったと思います。

この学校で過ごした日々は、子どもたちにとって、かけがえのない宝物になると思います」

3 結論

「最後になりましたが、これまで熱心にご指導くださいました校長先生はじめ先生方、そして、今日この会を開催するにあたりご尽力いただきました保護者の皆さまに、心より感謝申し上げます。誠にありがとうございました」

ちなみに、このスピーチは約400字、つまり原稿用紙たった1枚ぶんです。1分スピーチがだいたい300字ですから、このスピーチは1分半程度ということになります。

持ち時間が3分でしたら、本論の部分を広げていきながら、より具体的なエピソードを盛り込んでいけばいいと思います。

「3分間挨拶する」というと、とてもハードルが高く感じますが、三段構成でざっくりとフレームをつくっておき、持ち時間に合わせて加除修正していくと、それほど難しくなくスピーチを組み立てることができます。

話し上手な人はスピーチの「型」を持っている

そのほか、ショートスピーチで使える話の組み立て方には次のようなものがあります。

あがりやすい人は、その場その場で「話すこと」を組み立てようとして、話がぐちゃぐちゃになりがちです。

商談、就職面接などビジネス会話では、長々と話すのは禁物《きんもつ》です。自分がストックしている話のネタをこうした「型」にはめていく習慣をつけていくことで、話の順序が破綻《はたん》するおそれはなくなりますし、相手に「伝わる会話」ができます。

それによって、きちんとした話し方ができる人と印象づけることができます。

箇条書き法

最初にこれから述べる項目の数を提示してから話します。

メリット 頭のなかが整理されている人という印象を与える。

例1

好きなスポーツはゴルフです。理由は3つあります。

ひとつめは、ゲーム感覚で楽しみながら運動ができること。

次に、自然と触れあうことができること。

最後に、それに、ナイスショットが出るとスカッとして日ごろのストレス解消になることです。

例2

電気自動車のメリットは、大きく分けて2つあります。

ひとつめは、経済的であるということです。電気自動車の電気代は、ガソリン代の9分の1ともいわれ、エネルギー効率はガソリン車の3倍近くになるといわれています。

ふたつめは、地球環境にやさしいということです。電気自動車は、走行中の排気ガスを抑え、大気汚染や地球温暖化から地球を守ります。

時系列法

物事が起こった順に話します。

メリット ストーリー性があり、一つのことを長く続けているというプラスイメージを与える。

例1
好きなスポーツはゴルフです。
初めて打ちっぱなしに行ったのは高校生のときでした。
父親が好きだったので、よく一緒にラウンドしました。
社会人になったいまは職場の仲間と月に1回程度楽しんでいます。

例2
電気自動車は、1830年代にその原型が作られ、1873年にはイギリスで最初の実用的電気自動車が製作されました。
ガソリン車の原型は1870年代に誕生していますので、じつは、電気自動車のほうが古いのです。
しかし、ガソリン車の技術が発展し、ガソリンエンジンが主流になると、電気自動車は姿を消してしまいました。

電気自動車の本格的な復活は１９９０年代で、排気ガスなどの環境問題に対し、メーカー各社が開発に乗り出しました。
２０１０年には一般向け販売もスタートし、環境にやさしいクルマとして、ますます普及していくことでしょう。

ＰＲＥＰ法（プレップ法）

ポイント（Point 要点）、リーズン（Reason 理由）、イグザンプル（Example 例）、ポイント（Point 要点）の順に話します。

メリット 理由が明確になり、論理的な印象を与える。

例1

好きなスポーツはゴルフです。なぜなら、ゲーム感覚で楽しみながらできるからです。
私は、ただ走ったり泳いだりといった黙々とやるスポーツは苦手で、すぐ飽きてしまいます。ですからゴルフがいちばん好きです。

例2

電気自動車のメリットは、経済的であるということです。電気自動車の電気代はガソリン代の9分の1ともいわれ、エネルギー効率はガソリン車の3倍近くになるといわれています。1日の平均走行距離が30kmだとすると年間で約1万kmとなり、年間の電気代は約2万円弱。ガソリン自動車と比較すると年間で約11万円以上の燃料費（電気代）の節減となります。

よって、電気自動車は、経済的で家計にやさしい商品であるといえます。

さらに、1分程度のショートスピーチでは、「**二段構成**」もお勧めです。

エピソード▼結果（クライマックス法）

先に説明をしてから、最後に結論を述べる手法。

メリット　これから話す内容に対し、相手が興味を持っているときにお勧め。最後にオチを持ってくることができ、話にストーリー性が生まれる。

例

年末年始の暴飲暴食のせいか、体重が5キロほど増えてしまいまして、心機一転ダイエットでもはじめようと思い、最近スポーツクラブに通いはじめたんですよ。

結論▼理由（アンチクライマックス法）

結論を先に話し、理由や経緯をあとで話す手法。

メリット 論理的・合理的な印象を与える。

例

最近スポーツクラブに通いはじめました。主にダイエットと健康管理のためです。

クライマックス法は前置き部分が長いので、フランクな会話などでよく使われます。ビジネスシーンでは結論から先に述べることを求められるので、アンチクライマックス法が好まれます。

わかりやすく譬《たと》えると、私は子どもが幼稚園児なのですが、**幼稚園のママ友との会話はクライマックス法**、**商談ではアンチクライマックス法**をよく使います。

ママ友との会話で、「結論→理由、以上。」では、相当堅物《かたぶつ》なお母さんと思われてしまいますから。（笑）

どちらの方法もメリット・デメリットがありますので、状況や相手によって使い分けるといいと思います。

前置きを短くするだけで、グッと好印象

会合などで順番に自己紹介や挨拶をする際、かならず謙遜《けんそん》表現から入る人がいます。

たとえば、

「ここのところ体調が悪かったので、スピーチに自信がありませんが……」

「仕事が忙しく、準備不足なので、自信がありませんが……」

いわゆる「**うまくスピーチできないことへの言い訳**」です。

聞き手は、あなたの言葉を聞こうとしています。

うまいヘタではなく、誠心誠意、聞き手に向き合い、ベストを尽くすべきです。

私に置き換えてみますね。

「ゆうべは飲みすぎて寝不足なので、今日はいい講義ができないかもしれませんが……」

イヤイヤ、口が裂けても言いません！

話を聞きに来てくれた人に失礼です。

「執筆の仕事が忙しく、準備する時間がなかったので、話の内容に自信がありませんが……」

イヤイヤ、執筆で忙しいとか、その場にいる人には関係ないから！

明日から間違いなく失業します。（苦笑）

話し手の都合は、聞き手にはどうでもいいことです。

あなたのスピーチを聞きに、忙しい時間を割いて集まってくれています。

「自分はいたらない人間である」という表現は、日本人独特の「謙遜の美学」かもしれません。しかし、会議や会合は時間が限られています。いらない謙遜や前置きで時間をロスするより、聞き手のことを考えて、すぐに本題に入るほうが断然スマートです。

限られた持ち時間で言いたいことをストレートに伝えるのもまた「美学」だと、私は思います！

原稿を準備しない人ほど、話がぐちゃぐちゃになる

あなたは、いままでスピーチするとわかっているとき、事前準備をしていますか？

「いままでスピーチでうまくいったことがないんです」という人に、「これまでどんな準備・練習をしましたか？」とお聞きすると、「うーん、当日頭のなかで考えていくぐらいで……」というお答えが返ってきます。

話すことが苦手だという人にかぎって、準備をしない人が多いようです。

かくいう私もそうでした……。とにかく逃げたい気持ちばかりで、練習するという考えすら浮かびませんでした。

あがり症克服に12年携わって思うのは、月並みですが、準備・練習は大切だということです。けっして根性論・精神論のみであがりは治るという意味ではありませんが、「練習は裏切らない」という言葉は、あながち間違っていない気がします。

私は、会員様の練習風景を見ていれば、本番で成功するかどうかがわかります（別に占い師でも霊能者でもありませんが……）。

なぜなら、**「自分はこれだけ準備したから大丈夫！」「こんなに練習したんだからうまくいく！」という自信は、確実に不安を少なくし、あがりを抑える**からです。

自信とは「自分を信じる」と書きますが、自分を信じられるかどうかは、この準備段階で決まります。

慣れていない人が、ノープラン、行きあたりばったりで話せるほど、人前は甘くありませんので、人前で話すとあらかじめわかっているときや、よりパブリックな場面では、やはり原稿を書くことをお勧めします。

当協会の講座でも、原稿を書くトレーニングがありますが、

「原稿を用意していくと、頭が真っ白になったとき困るのでイヤです」

「棒読みっぽくなるから、その場で考えて言いたいです」

という方がいらっしゃいます。

1章でもお伝えしたように、原稿を丸暗記することや、そのまま読み上げることをお勧めしているわけではありません。

むしろ、原稿どおりに話す必要はまったくありません。


「準備すること」と「一字一句そのとおりに話すこと」とは違います。

原稿を書くのは、考えや話したいことを整理し、まとめるためです。

頭のなかは収納と同じで、整理されていなければ、すぐに言葉は出てきません。

せっかくいいネタを持っていても、引き出しがぐちゃぐちゃでは、いざというとき取り出せず、慌《あわ》ててしまいます。

一度整理したものを頭に入れておけば、言葉を失ったり、話が脱線したりすることが少なくなります。


原稿を用意できない、いわゆる「即席スピーチ」についても、じつは準備が可能です。

「スピーチ力＝文章構成力」なので、日ごろできるスピーチ対策として、ブログなどで自分の伝えたいことをわかりやすく表現する練習をしておくといいと思います。タレントさんや、私たち講師業の人など、人になにかを伝える職業の人は、たいていやっています。

私も、話し方講師になって12年、風邪をひいて寝込んだ日も1日も欠かさずブログやフェイスブックを書いています（風邪すらもネタになります）。

「毎日なにかを発信する」となると、ほんのささいなことにも注目し、インプットとアウトプットをバランスよく行なうようになります。

「スピーチ力の半分は文章構成力」といっても過言ではありません。日ごろから自分の考え、伝えたいことを、簡潔でわかりやすく表現する練習をしておくとよいでしょう。

スピーチネタ集めと文章力アップのため、日ごろの「書くトレーニング」をぜひやってみてください！

本番で慌てないための下準備をマスターしよう

ざっくりとした大枠のもので構わないので、原稿を書くための準備からはじめます。

テーマ（題）↓

目的（何のために）↓

聞き手（誰に、人数は）↓

時間（目安として）↓

では、実際に原稿を書いてみましょう。

原稿は丸暗記や読み上げるために作るものではありませんので、一字一句丁寧に書く必要はありません。キーワードや要点を書き出したものでもＯＫです。話し言葉で書いたほうが安心な方はそれでも構いませんが、１センテンスが長くなりすぎないよう注意しましょう。

書き終えたら、声に出して練習し、全体の時間を計ってみましょう。できれば誰かに聞いてもらい、聞き手の立場から客観的なアドバイスをもらってください。わかりにくい表現があれば直していきます。

Chapter

3

声と姿勢を
変えれば
緊張が解ける

自分の「話している姿」を観察しよう

スピーチ成功のためにかならず行なっていただきたいのが、念入りな「リハーサル」です。

いままではあまりやってこなかった人が多いでしょうね（かつての私もです……）。でもやはり、「準備8割、本番2割」だと思うのです。**本番は立って話すのか、座って話すのか、演台はあるのかないのかなど、できるだけ本番に忠実に行なう**ことをお勧めします。

私はいまでも、大きな会場での司会や講演のお仕事が入ったときは、かならず本番をイメージしてリハを行ないます。

資料やマイク、レーザーポインターなどを手に持って話す場合は、練習でもできるだけ同じ状態で行ないます。

マイクは力を抜いて、卵を持つような感覚でやさしく持ってください。

できれば左右どちらの手でも持てるようにしておくと、資料をめくる際などに慌《あわ》てなくて済みます。


さらにお勧めなのが、**「動画を録ること」**。

あなたは、人前で話している姿を客観的に見たことはありますか？

できれば「見たくない、聞きたくない、知りたくない」ですよね……。

わかります！　私もそうでした。

でも、ダイエットしたい、肌をキレイにしたいと思ったら、まず体型や肌質をチェックしますよね。

客観的に見てみないと、改善すべきところがわかりません。イヤがらず、動画を録ってしっかり見てあげてください！

見るときのポイントは、**「自分だと思って見ない、アカの他人だと思って見る」**です。

あがり症の人は、長年の悩みによりご自身を客観的に判断できません。「どうせヘタだ、恥ずかしい」というフィルターをかけて見てしまいます。

他人だと思って見てみると、不思議なことが起こります。「あがっているようには見えない、普通に見える」のです。

私の講座でも、受講生の方々のスピーチを録画し、良い点、直すべき点をチェックするというワークを行なうのですが、もれなく第一声は、「本当ですね！　自分ではガチガチだったのに、こう見るとあがっているようには見えないですね！」です。

あがりの症状は体のなかで起こっていることなので、ご自身が思っているほど表には出ていません。

たとえば、隣の席の人の体温や心拍数が上がったところで、見た目にはわかりませんよね。

人の印象を大きく左右するのは「視覚情報」ですので、姿勢や表情、視線、手グセなどのほうがよほど気になるものなのです。

このリハーサルは、できれば自分だけではなく、他の人にも見てもらって、アドバイスをもらってくださいね。

「スピーチを客観視する」

これ本当に大事です！　私も、司会などのお仕事が入ったときは、かならずスタッフや会員様に見てもらいます。

客観的にアドバイスをいただくようになってから、失敗したことはありません！

動画を見るのは最初は本当にイヤでしたが、これもバッチリ慣れました。

聞いてくれる人のためにも、事前にできることはすべてやったうえで本番に臨みましょう。

「これ」を続けると、ますますあがりやすくなる

私は受講生の方のスピーチ、話し方を聞かずとも、その方の姿を見るだけで、なにが原因であがってしまうかがわかります。

くどいですが、私は霊能者ではありません。（笑）

これまで1万4000人以上のあがり症の人を見てきましたが、皆さん一様に「あがりやすい体」をしています。

「あがりやすい体」とは次のような状態です。

1 体がガチガチに硬い

「あがるから体が硬い」のか、「体が硬いからあがる」のかというと、その両方だと思います。

逆に、体が柔軟でしなやかな人は、話し方もまたしなやかでハリがあります。

あがり症の人の大半は、首や肩、背中に常に力が入っていて、硬直《こうちょく》しています。上半身の筋肉が緊張すると、声が出しにくくなる、顔が引きつるなどの症状も出てきます。

こういった緊張状態が続くと、肩こりや頭痛などの体の不調の原因にもなります。

2 姿勢が悪い

人前で話すことが苦手な人のほとんどが、猫背で前かがみになっています。

パソコンやスマホの影響もあるでしょうが、「人前で自信がない」というのもひとつの要因だと思います。

姿勢が悪いとあがりやすくなるだけでなく、自信がなさそうに見えてしまいます。

3 呼吸が浅い、速い

緊張すると、呼吸が浅く速くなり、息苦しさを感じることもありますよね。

緊張時には自律神経のうちの交感神経が優位な状態になるのですが、この交感神経優位の状態は、「危険を察知し備えている」状態ですので、すぐにでも息を止めて危機に対応できるように、無意識のうちに呼吸が浅く速くなってしまいます。

4 発声が弱い

あがり症克服協会の会員様のお悩み№1は「声の震え・上ずり」です。

また、人前に出ると、消え入るような声になってしまう人もいます。

これらは、「話すための発声が弱い」からです。

どんなにいい内容のスピーチ、プレゼンでも、声が小さいと自信がないように見えてしまいます。

5　滑舌が悪い

人との会話や電話の通話中などに、相手に何度も聞き返された経験がある方も多いと思います。

「滑舌《かつぜつ》」とは「言葉を発音するための舌や口の動き」のことをいい、滑舌が悪いと話の内容が相手に伝わりません。

緊張すると、話すための筋肉が硬直し、口や舌の動きが悪くなりますので、いつもより滑舌が悪くなります。

硬直した体をゆるめるストレッチ

あがり症の人はたいてい体がガチガチに硬いです。

特に上半身。肩や背中に触れると、余分な力が入ってしまっているのがわかります。

また、顔の筋肉も硬く、「笑顔をつくってみてください！」というと、ほとんどの方がプルプル引きつってしまいます。

長年の緊張のため、いつも顔や首、肩に力が入ってしまっています。

体が硬直し、思うように動かせないと、いざというとき声が出せず、より緊張しやすくなります。

これを防ぐには、ストレッチによる筋肉弛緩《しかん》が有効です。

硬くなった筋肉がほぐれることで、声も出やすくなり、本番での緊張緩和《かんわ》につながります。

毎日少しずつでもいいので、ストレッチを行ないましょう。

緊張やストレスを感じると、眉にある皺眉筋《しゅうびきん》や、首から肩、背中にかけてある僧帽《そうぼう》筋《きん》が硬直します。

2 両腕交差

右腕のひじを曲げて背中側に持っていき、左手で右手をつかみます。右腕と左腕を交互に行ないましょう。

4 腕伸ばし

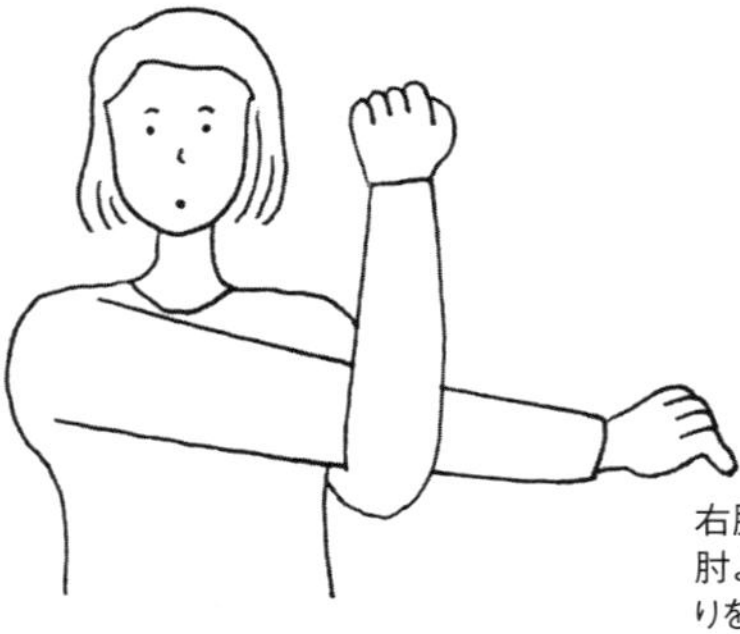

右腕を左側に向けて伸ばし、肘よりも少し手首寄りのあたりを左腕ではさみ、右腕を左側に引っ張るようにして数秒静止します。左右の腕を替えて、同様に行ないましょう。

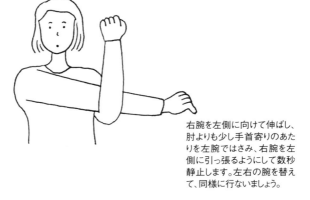

全身の筋肉をほぐすストレッチ

1 肩回し

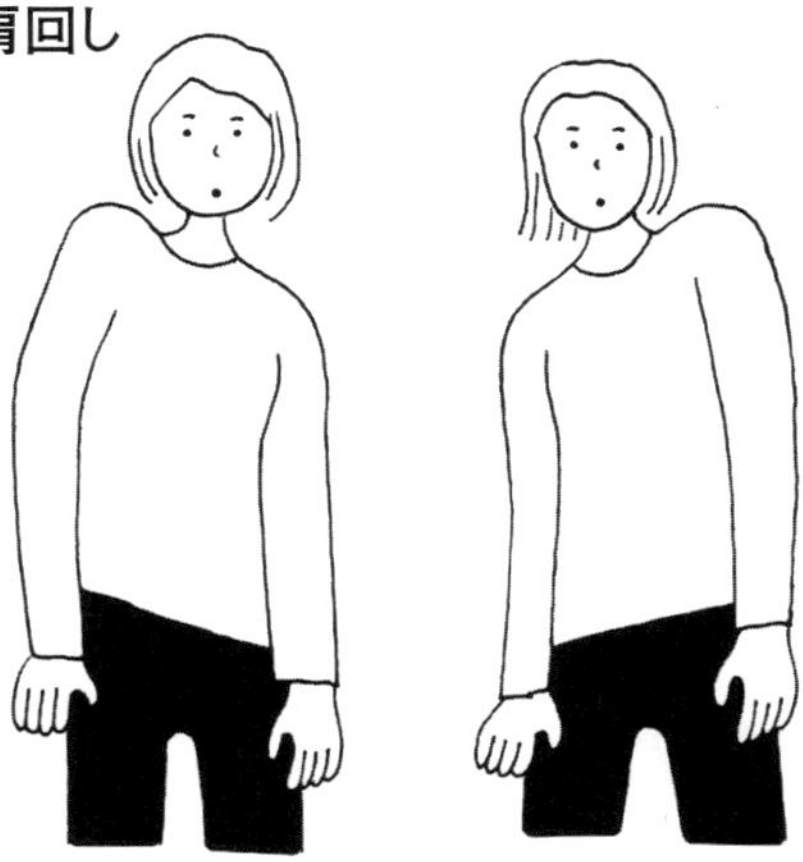

腕を下げた状態で両肩を交互に前から後ろに数回、回転させます。次に、後ろから前に数回回転させます。

3 手のひら合わせ

背筋を伸ばして腰の後ろに両腕を持っていき、腰のあたりで手のひらを合わせます。このとき、肩が上がらないようにしましょう。

手足の震えをなくす「3首ユルユル体操」

手足が震える人はその震えを止めようとしてさらに力を入れてしまう傾向にあります。これでは逆効果。筋肉をゆるめてあげないといけません。

本番前に「3首ユルユル体操」を行なってみてください。

首回りが硬くなると、声が震えます。手首・足首が硬直すると、手足が震えます。手が震える人は手首、足が震える人は足首、声が震える人は首……というように、**震えが気になる場所を重点的にゆっくり回す、シェイクする**などしてみましょう。

私もマイクを使って話すときに手が震えそうだと感じたときは、これを行なっています。順番を待っている間、どこでもできますので、あがってきたなと思ったら、試してみてください。

緊張していて力を抜くのが難しいときは、一度全身に思い切り力を入れ（5～10秒）、

3首ユルユル体操

1 首

首を右回りにゆっくり2回、
次に左回りにゆっくり2回
まわしましょう。

2 手首

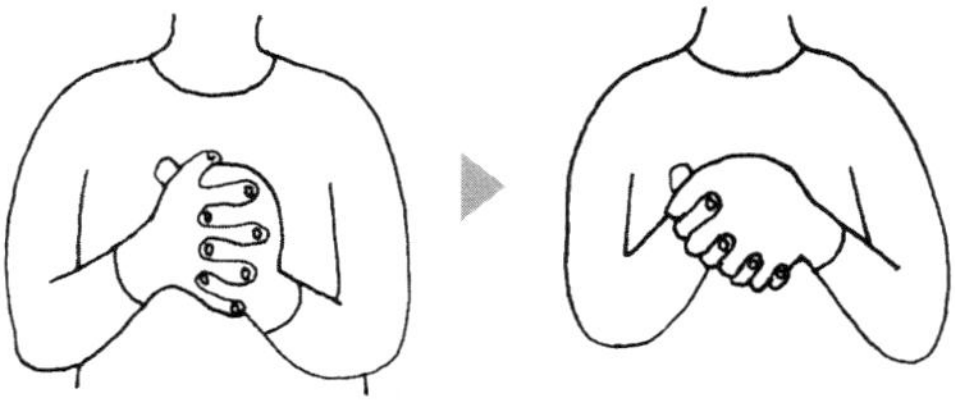

左右の指を組んで、手首をまわすように動かします。5〜6回を目安に行ないましょう。

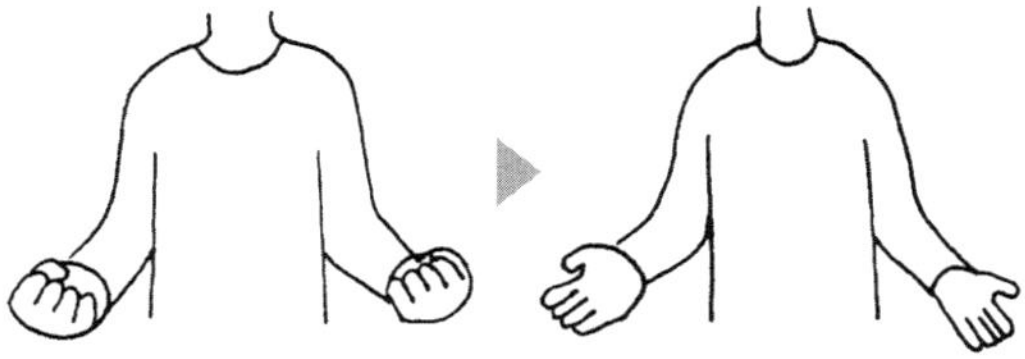

手のひらをギュッと力を入れて握ってから、一気に力を抜いてパッと開くのを繰り返します。5〜6回を目安に行ないましょう。

3 足首

右足を軽く上げて足全体をブルブルと震わせるように動かして余分な力を抜きます。左足も同様に、1〜2回ずつを目安に行ないましょう。

右足のかかとを浮かして、つま先を支点にして足首を回します。左足も同様に、ほぐれるまで行ないましょう。

その後、一気に脱力します。
これを繰り返すと、リラックスしてきます。この方法を「筋肉弛緩法」といいます。
緊張して体が硬直してきたら、何度もやってみてください。
顔の硬直が気になる人は「**5秒変顔**」をやってみてください。
顔の筋肉を中心にギュッと集め、5秒間ほどキープ、そして一気にゆるめます。
このストレッチは本番直前でもできるので、ぜひ取り入れてみましょう。

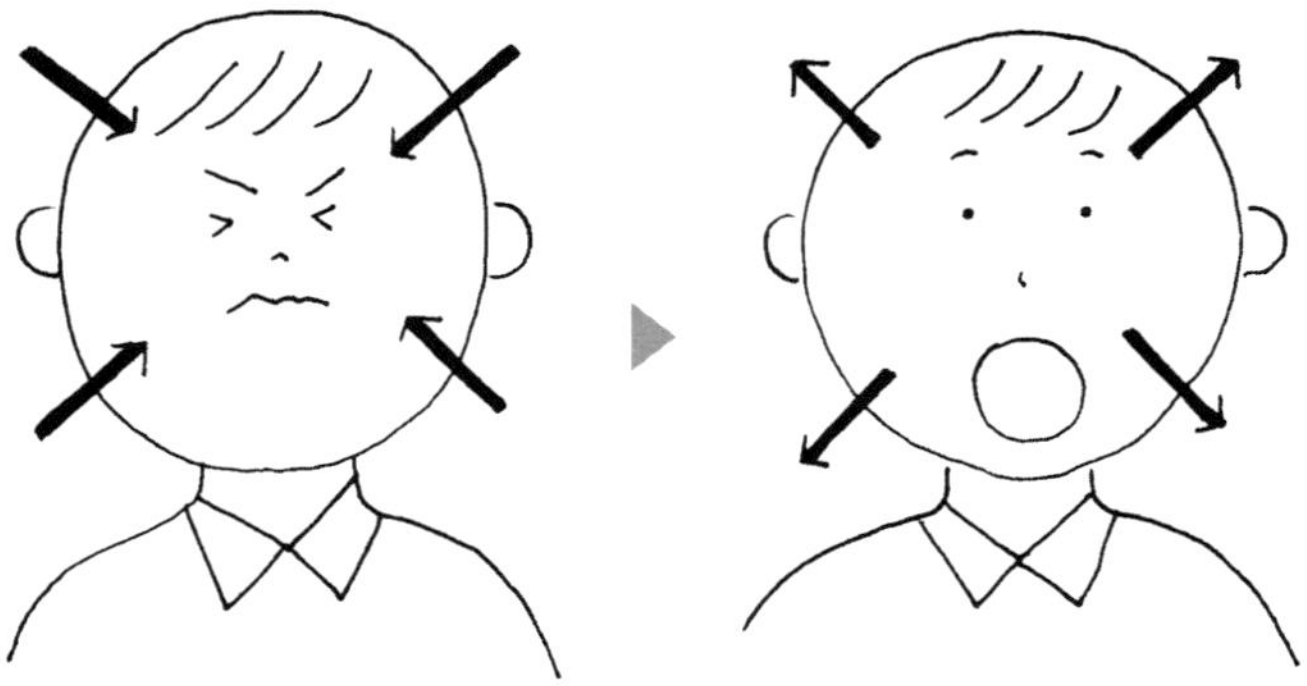

姿勢の悪さを一瞬で変える「壁立ち」

私はレッスン中、受講生の方が立っているときも座っているときも、常に姿勢をチェックし、必要に応じて直します。

あがりやすいことの要因のひとつに、「姿勢が悪い」ことが挙げられるからです。しゃべる前から、体が硬直し、萎縮《いしゅく》してしまっているのです。

心と体は密接に関わっています。

「前かがみで腰が引けているからあがる」のか、「あがるから前かがみで腰が引けている」のか。これも「悪いほうの相乗効果」であり、**姿勢が悪いことにより脳が「自分は人前で堂々と振る舞えない人間なんだ」と判断してしまいます。**

人前で緊張しそうだなと思うときこそ、胸を開き、堂々とした姿勢を取りましょう。

さらに、猫背や巻き込み肩は呼吸がしにくくなりますので、姿勢が悪い人は日ごろから注意しましょう。
一瞬で姿勢を矯正《きょうせい》することができる「壁立ち」をご紹介します。

壁立ちで自分の姿勢を
チェックしてみましょう

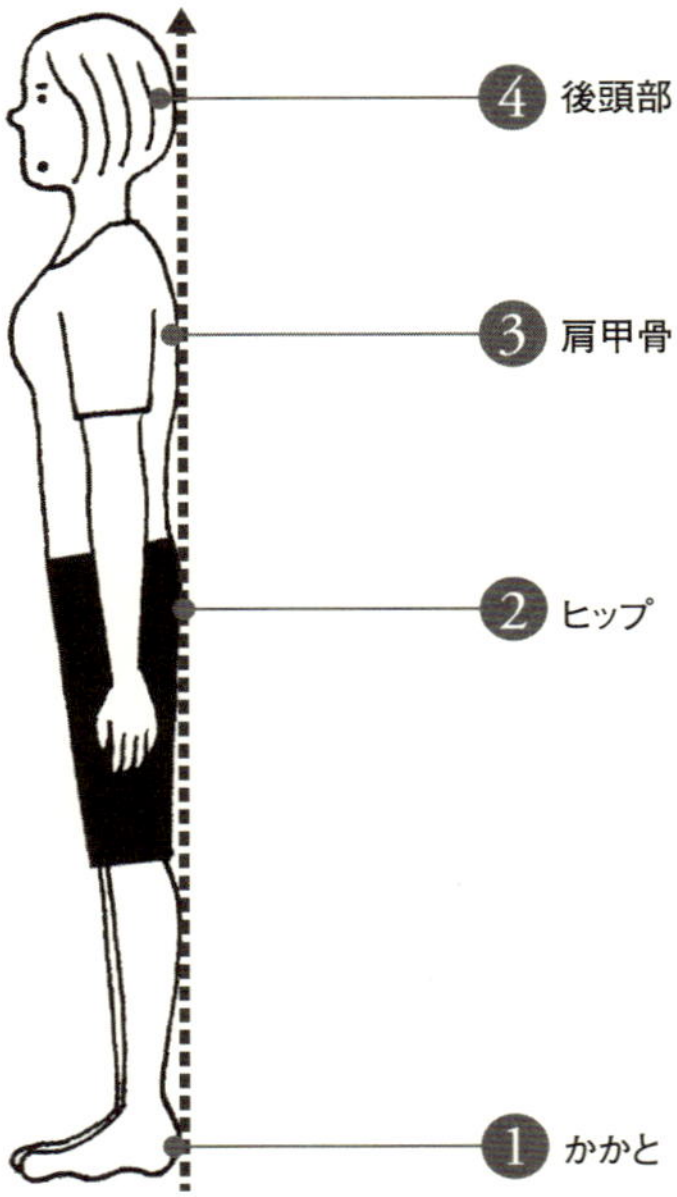

1 まずは、何も意識しないで普通に立ってみてください。

2 次に、かかと、お尻、背中、後頭部を壁に当てて立ってみてください。横から見たとき、後頭部からかかとまで一直線になっているのが正しい姿勢です。

3 そして、その状態を保ったまま一歩前に出てみてください。普段の姿勢がいかに前かがみ気味になっているのかがわかると思います。

4 その姿勢を覚えておき、いつも意識するようにしましょう。

視線が怖くなくなる目線の向け方

私は日々、人前で講演をする立場です。

「人に見られる」仕事なわけですが、あまり「見られている」という意識は持っていません。

むしろ、**「聴講生のほうを見て」**います。

メモを取っている、ケータイをいじっている、うわの空になっている……すべて見えています。

「見られている」という意識を持っていたら、これらのことに気づくのは難しいと思います。

いっぽうで、とても緊張するときがあります。

たとえば、講義中にマスコミの取材が入ったとき。テレビカメラが1台入るだけで、途端に「撮られる」「見られる」立場になるからです。

また、講演先や主催者のお偉いさんが視察に来たとき。これも同様です。他人の自分への評価が気になり、一気に「見られる」感が強くなります。

しかし、そんなときこそ、目線をコントロールします。

しっかり顔をあげて、胸を張り、周囲に目を向けます。

聞き手の顔はもちろんのこと、室内の様子、窓の外の景色までしっかり見るように心がけます。イメージとしては、最後列の席の方や、反対側の壁に向かって、目線と声を投げるように。

けっして目線を下げたり、そらしたりしないこと。目線をそらしてしまうと、「対象をしっかり見て捉える」という意識が一気に薄れてしまいます。

これから理解してもらおうと思いながら話す対象が、「姿、形もよく見えない得体の知れないもの」では、恐怖心が増すばかりです。

私のところへレッスンにいらっしゃる方はよく、「人の目が怖いので、いつもマイクの網目を見ています……」「資料（またはパソコン）で顔を隠すようにしています……」とおっしゃるのですが、まったくの逆効果！

車の運転と同じ、初心者ほど近くの景色しか見えないものですが、視界は広く保ったほうが安全です。

体と視線を１８０度開き、いつも聴衆全体を見渡すようにしましょう。

また、「人に見られるのが怖くて、いままではメガネ（またはコンタクト）をはずして人前に立っていました……」という人もいます。気持ちはわかりますが、これも危険です！

人の顔や、室内の状況が見えないまま人前に出るのは、濃霧のなか、車を運転するようなもの。無謀すぎるので、絶対にやめてください！

人前に出るときは、視界を広く保ち、周囲を見渡し、会話のハンドリングを軽やかに行ないましょう。

聞き手の表情や反応をしっかり捉えてください。

こういったことを意識的に行なうことで、周囲のリアクションに応じ、臨機応変に話せるようになります。

一発で印象的になるビジュアルハンド

少し前になりますが、2020年東京オリンピック招致活動のプレゼンテーションで、もっとも印象に残ったのは滝川《たきがわ》クリステルさんの「おもてなし」だった方も多いのではないでしょうか。

内容の良さもさることながら、あの「お・も・て・な・し」の際の、花の蕾《つぼみ》を連想させるジェスチャーと、最後に拝むような形で一礼をされたのが、話題になりました。

まさに、「ビジュアルハンド」です。

「ビジュアルハンド」とは、**話に合わせて手を動かすことで、視覚に訴える手法**です。

あれをジェスチャーなしで言葉だけで伝えていたら、そこまで印象に残らなかったでしょう。

かの有名な「ジャパネットたかた」の髙田明《たかたあきら》元社長も、商品紹介の際の身振り手振りを何度もリハーサルするそうです。

商品を顔の近くに持ってくるあの手法は、じつは計算し尽くされているんですね。商品を顔に近づけ、口の動きに合わせてジェスチャーすることで、**話の説得力が増し、商品の魅力が伝わりやすくなる**のです。

アップル社の設立者、スティーブ・ジョブズのプレゼンも、独特な衣装と身振り手振り、舞台上で歩き回る演出が印象的でした。「なにを話すか」も大事ですが、「どう話すか」も重要だということです。

人は、動いているものを目で追いかける習性がありますので、ビジュアルハンドを効果的に使うと、聴衆を飽きさせず、アクティブでわかりやすいスピーチ、プレゼンになります。

どなたでもすぐ使えるジェスチャーをご紹介します。

スピーチ、プレゼンで使えるジェスチャー

1 数字を示す

例 「理由は3つあります」と言いながら指を3本掲げる、など

2 大きさや形を示す

例 「30センチほどの丸いものです」と言いながら、形状を示す、など

3 見せたい商品やサービスを紹介するときは、ダイナミックに

例 「前方のスクリーンをご覧ください。こちらが新商品です」と言いながら、手を大きく掲げる、など

4 ここぞというところで効果的に使う

常にゴソゴソと手を動かしてしまうと、効果が半減するだけでなく、落ち着きのない印象を与えてしまいます。必要なときに効果的なジェスチャーを使いましょう。

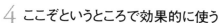

いつものしぐさに意外や意外の落とし穴が

このように、スピーチ、プレゼンは視覚情報によって印象が大きく左右されます。逆に、素晴らしい内容のプレゼンでも、しぐさひとつで聞き手の印象を悪くしてしまうこともあります。パブリックなシーンでは、次のような行為は避けたほうが無難です。

1 演台に手をつく

国会の答弁のように意図を持ってやる場合もありますが、一般的にはあまり好ましくありません。威圧的な印象を与えますので、無意識にやってしまっている人は注意しましょう。

2 手を後ろで組む

偉そうで上から目線な印象を与えてしまいます。特に目上の人が多いときは、前で組むのが無難です。

3　腕を組む

腕組みは「拒絶・見下しのポーズ」です。緊張を隠そうという自己防衛本能でやってしまう場合もありますが、不快に思う人もいるので気をつけましょう。

腕を組むと、肩や首に力が入りやすくなるので、発声面でもマイナスです。

4　貧乏揺すり

「貧乏揺すり」の語源は、「貧乏人が寒さに震える様子」からきているといわれています（諸説あります）。

特にスピーチの順番を待っているときに

ガタガタ膝《ひざ》を揺らしてしまうのは、緊張や不安を抑えたいための無意識の逃避行動ですが、落ち着かない印象を与えてしまいますので、できればやめましょう。

5 ペンを回す

会議や研修中に、くるくるペンを回す人をときどき見かけます。

学生時代ならまだしも、社会人にもなってこういったクセを放置していると、相手をイラつかせてしまう可能性もあります。

6 髪や顔を触る

街頭インタビューなどで鼻や口元を隠して話す人、髪をかきむしる人などがいます

が、これは「緊張や不安を隠したい」ことの表れといわれています。

少しぐらい触れるのは構いませんが、あまり頻繁《ひんぱん》ですと聞き手が気になってしまうので、注意しましょう。

身振り手振りは、ご自身では気づかない「クセ」になってしまっていることが多いので、動画を録ってチェックするようにしましょう。

吐く息を伸ばすと声の震えが止まる

あがり克服には、もちろん準備・練習やメンタルトレーニングが大切なのですが、なんといってもカナメは「息」です！

準備万端で本番に臨んだとしても、息が弱くて声が震えてしまったら、やっぱりあがってしまいますよね。

「自分の声の震えで、さらに緊張した」

そんな経験、皆さんにもあるはずです。

イザというとき上ずらない声づくりのために、緊張に負けない「**腹式呼吸**《ふくしき》」をマスターしましょう。

もともと肺は、自律した働きができないため、肺のまわりの筋肉を使って呼吸をしています。

普段、私たちがしている胸式呼吸法《きょうしき》**は、肺の上のほうを使って動かすので、息が浅くなりやすく、声帯に近いため、声が震えやすくなります。**

いっぽう、腹式呼吸は横隔膜《おうかくまく》とその周辺の筋肉を動かすことによって、強い呼吸、震えない声をつくることが可能です。

具体的には、胸式呼吸では横隔膜が約1・5センチしか動かないのに対し、腹式呼吸を行なうと10センチ近く上下するといわれています。

吸気に換算すると、通常時は約450ミリリットルなのに対し、横隔膜を最大限動かした場合は、約3000ミリリットル吸うことができるといわれています。

胸式呼吸と腹式呼吸の違い

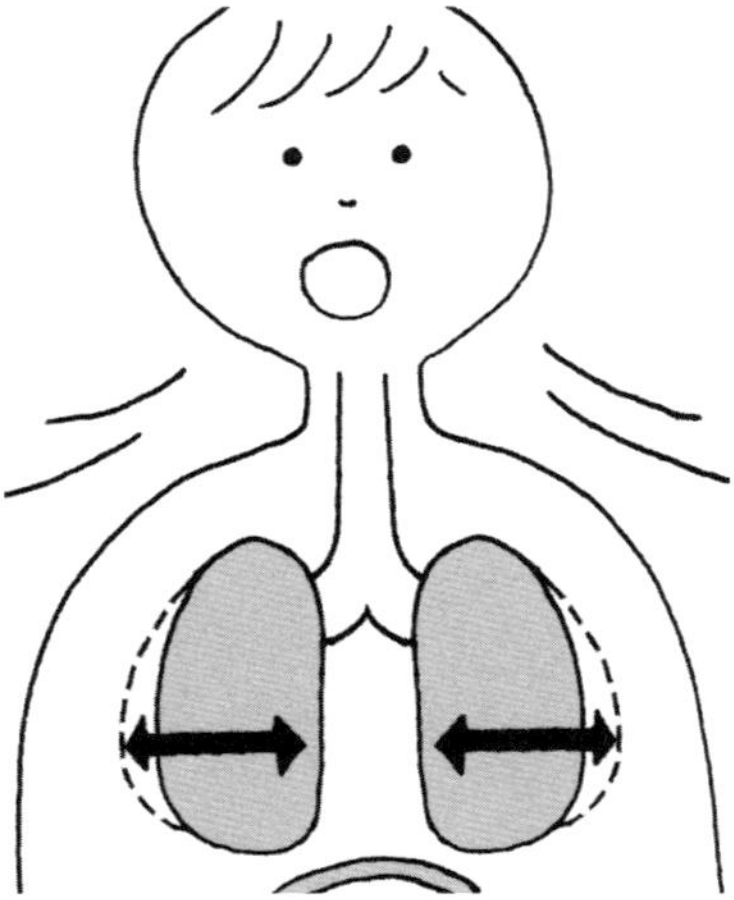

● 胸式呼吸

息を吸うと肺が横に広がり、肩が上下する。胸や肩、首、咽頭に力が入り、声が出しにくくなる。1回に吸う息の量は約450ml。

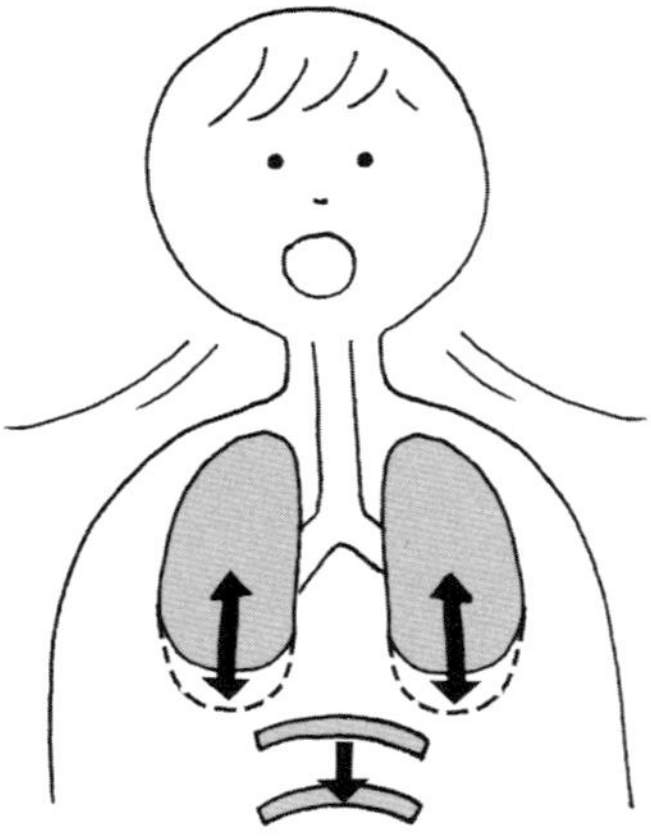

● 腹式呼吸

息を吸うと横隔膜が下がり、肺の下のほうまで息が入る。胸や肩、首の筋肉がリラックスしているので、声が震えにくい。1回に吸う息の量は約3000ml。

では、実際にやってみましょう！

腹式呼吸のトレーニング

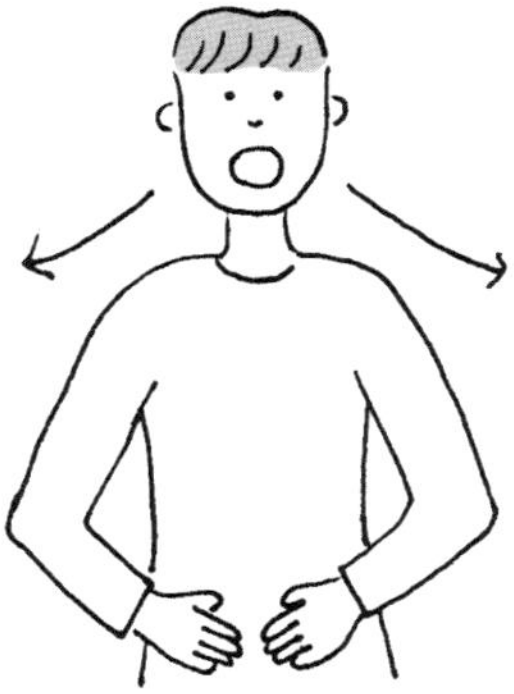

1 おへその少し下、丹田に手を当てます。

2 手を当てた部分を引っ込めながら、いまある息を口からすべて吐き切ります。

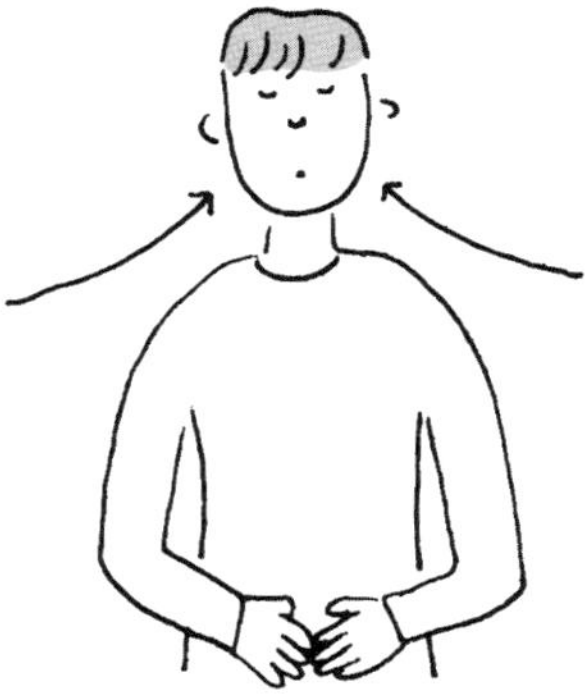

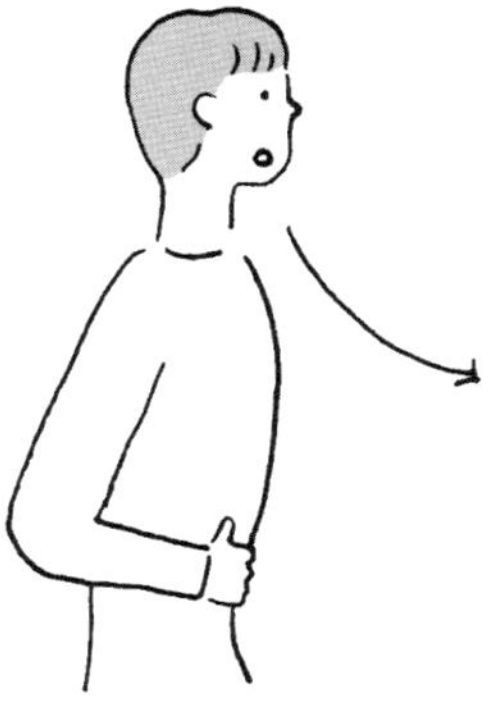

3 次に、引っ込めたお腹を膨らましながら、鼻から息を吸います。

4 再び2を行ない、口からゆっくり息を吐きます。

これを繰り返してみてください。これまで眠っていた筋肉を動かすので、はじめはわかりにくいかもしれませんが、やっていくうちに、お腹を使ってスムーズに呼吸できるようになります。

慣れてきたら、吐く息をどんどん伸ばしていってみてください。

声を磨くことが自信をつける最短コース

「たまたま聞いた自分の声が、思っていたのと違った！」という経験、皆さんにもあると思います。これには理由があります。

普段聞いている自分の声は、一度空気中に出されて鼓膜《こまく》を通して聞こえてくる声と、自分の体を通る、つまり骨伝導により伝わった声との、両方を聞いています。

他人が聞いている声は空気中を伝わった声のみなので、違って聞こえるのです。

「変な声」と感じる自分の声は、普段他人が聞いているあなたの声。イヤがらず、ちゃんと知ってあげましょう。

私も以前は自分の声が大嫌いでした。

普段から低くて鼻声なのに加えて、緊張すると「震える、上ずる、出なくなる」の三重苦……。いまでは誰も信じてくれませんが、人前では本当に蚊の鳴くような声しか出せませんでした。

話し方教室に入会した初日に、自己紹介をしたのですが、先生から「声が小さい」と注意されたことが、当時の授業ノートにはっきりと記されています。

そこから発声練習をはじめ、受講4日目に「先生からだいぶ良くなったと褒《ほ》められた」と記されています。

それ以来、「自分の声が大好き!」とまではいきませんが、声に対するコンプレックスはなくなり、自信を持って話せるようになりました。

この経験から、私の講座では「発声練習」に力を入れています。

「発声を制するものは、あがりを制す!」といっても過言ではないからです。

ボイストレーニングはスポーツと同じです。

発声に関する筋肉を効果的に使っている人は少なく、最初から自信のある人はいません。しかし、声は磨けば磨くほどハリや艶《つや》が出て、響きやメリハリのある通りやすい声になりますので、今日からぜひ「声トレ」をはじめてみてください！

美しく響きのある声になる発声法

あがりやすい人の声は非常に硬く、クリアに出ていません。声門を通る息の流れがスムーズでないので、声に「芯《しん》」がないのです。弱々しく、緊張するとすぐブレてしまう発声になってしまっているのです。

声に芯があるかどうか、ここでちょっとテストしてみましょう。秒針のある時計かストップウォッチを用意してください。前述の腹式呼吸を用い、今度は声を出してみましょう。

1　まず、いまある息を口からぜんぶ吐き切ります。

2　次に鼻から息を吸います。

3　お腹に力を入れて、少し止めます。

4　息の続くかぎり、「あー」と声を出してみましょう。

一息で何秒発声できますか?

はじめは、15~20秒ぐらいしか出せないと思いますが、2週間続けてみてください。個人差はありますが、数秒~10数秒は伸びてくるはずです。それをぜひ記録してみてください。

長く出せるようになっていれば、それだけ「あがりにくい強い声」になったということです。

腹式発声の感覚がつかめてきたら、今度は文章を読んでみましょう。

次の文章を初めから終わりまで一息で読んでみましょう。

練習文1は10~15秒程度、練習文2は15~20秒程度の速さで読んでみましょう。

練習文1（読む速さ：10〜15秒程度）

隣のお婆さんが寒三十日《かんさんじゅうにち》、寒念仏《かんねんぶつ》を申したと申しましたが、申したことやら申さぬことやら、申さぬことやら申したことやら、申したら申したと申しましょうが、申さんからには申したとは申しません。

練習文2（読む速さ：15〜20秒程度）

法性《ほうしょう》寺《じ》の入道前《にゅうどうさき》の関白《かんぱく》太政《だじょう》大臣《だいじん》様のことを、法性寺の入道前の関白太政大臣殿と言ったれば、法性寺の入道前の関白太政大臣様が大きにお腹《はら》をお立ちなされたによって、今度から法性寺の入道前の関白太政大臣様と言おうやのう、法性寺の入道前の関白太政大臣様。

途中で途切れてしまったら、そこに印と日付をつけておき、次回挑戦したときには前より長くなっているか、確認してみましょう。

高い声と低い声、どちらがいいのか？

人前ではいつもより「明るく」話すほうがいい、とか、「少し高めの声」で話すほうが聞いてもらえるといわれます。

そのため「明るい声」＝「高い声」と思ってしまう、高い声のほうが感じよく聞こえると思う人が多く、電話や人前に出ると声を高くする人がいます。

ですが、高音は無理に出すと耳障《みみざわ》りになることもありますので、無理に高くすることはありません。

ただし、**その場面に合った「声のトーン」というのは確かに存在します。**

可能であれば、シーンによって使い分けるのが理想です。

たとえば、私は司会のお仕事の際、内容によって、高さを変えています。

「低い声」は、落ち着いている、信頼できる、というイメージを与えるので、結婚式や式典など厳《おごそ》かな雰囲気が求められるときは低めで落ち着いた声を出します。

いっぽう、街頭キャンペーンなど通りすがりの多くの人を惹きつけたいときは、口角を思い切り上げて明るい声を出します。

テレビ局のアナウンサーも、ニュースを読むときと、バラエティ番組でＭＣをするときでは、声の高さやトーンを変えています。

声も楽器と同じです。その楽器に合った音があり、高音も低音も心地よく響くのが理想的です。

あなたの声は「世界で一つだけの楽器」です。

高低を無理に変えようとするよりは、声の個性を生かし、発声を磨くことで、耳に心地よく響く声づくりをお勧めします。

滑舌が劇的に良くなる母音のトレーニング

吃音症《きつおんしょう》、いわゆる吃音で悩んでいる方も多いのですが、吃音についてはまだ原因がわかっていないのが現状です。

しかし、まわりに人がいなければスムーズに話せるという人が多いことからもわかるように、心身の緊張によるものが大きいということは間違いありません。

また、あがり症の方も、上半身や顔の筋肉が凝《こ》り固まってしまっているために、滑《かっ》舌《ぜっ》の悪さで悩んでいる人が多いです。

特に、電話で聞き返される、しゃべりが聞き取りづらいと言われる方は、まず、口の開きを確認しましょう。

1 口を正しく開ける

正しく発声するには、以下のことを意識してみましょう。

2　余分な力を抜いて喉《のど》や上半身をリラックス

3　腹式呼吸でお腹から声を出す

4　母音をしっかり発音する

母音のトレーニング

口を縦に指2本分くらい開く。舌根を下げ、喉を大きくあける

横にしっかり引いて、口角を上げる

唇を前に突き出す

「あ」と「い」の中間くらい

「う」よりも口の中が縦に広い

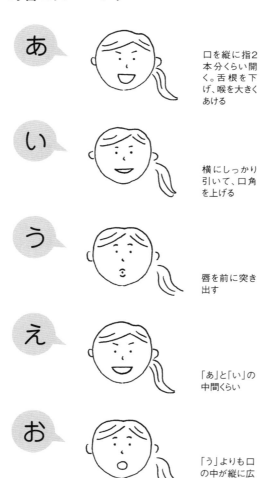

発声トレーニングI

母音を意識して行なってみましょう。

ア	エ	イ	ウ	エ	オ	ア	オ	
カ	ケ	キ	ク	ケ	コ	カ	コ	
サ	セ	シ	ス	セ	ソ	サ	ソ	
タ	テ	チ	ツ	テ	ト	タ	ト	
ナ	ネ	ニ	ヌ	ネ	ノ	ナ	ノ	
ハ	ヘ	ヒ	フ	ヘ	ホ	ハ	ホ	
マ	メ	ミ	ム	メ	モ	マ	モ	
ヤ	エ	イ	ユ	エ	ヨ	ヤ	ヨ	
ラ	レ	リ	ル	レ	ロ	ラ	ロ	
ワ	エ	イ	ウ	エ	オ	ワ	オ	
ガ	ゲ	ギ	グ	ゲ	ゴ	ガ	ゴ	
カ゚	ケ゚	キ゚	ク゚	ケ゚	コ゚	カ゚	コ゚	（鼻濁音）
ザ	ゼ	ジ	ズ	ゼ	ゾ	ザ	ゾ	
ダ	デ	ヂ	ヅ	デ	ド	ダ	ド	
バ	ベ	ビ	ブ	ベ	ボ	バ	ボ	
パ	ペ	ピ	プ	ペ	ポ	パ	ポ	

鼻濁音とは

鼻に抜けるように発音するガ行音。語の途中にあるガ行や助詞の「が」を、「nが・nぎ・nぐ・nげ・nご」と発音する。

発声トレーニングⅡ

苦手なところは繰り返し練習しましょう。

アイウエオ　イウエオア　ウエオアイ
エオアイウ　オアイウエ
カキクケコ　キクケコカ　クケコカキ
ケコカキク　コカキクケ
サシスセソ　シスセソサ　スセソサシ
セソサシス　ソサシスセ
タチツテト　チツテトタ　ツテトタチ
テトタチツ　トタチツテ
ナニヌネノ　ニヌネノナ　ヌネノナニ
ネノナニヌ　ノナニヌネ
ハヒフヘホ　ヒフヘホハ　フヘホハヒ
ヘホハヒフ　ホハヒフヘ
マミムメモ　ミムメモマ　ムメモマミ
メモマミム　モマミムメ
ヤイユエヨ　イユエヨヤ　ユエヨヤイ
エヨヤイユ　ヨヤイユエ
ラリルレロ　リルレロラ　ルレロラリ
レロラリル　ロラリルレ

滑舌トレーニング

口を大きく開けて明瞭に発声しましょう。

練習1

お綾《あや》や、母親にお謝《あやま》りなさい。
お綾《あや》や、八百屋にお謝りとおいい。

練習2

歌うたいが歌うたいに来て歌うたえというが、
歌うたいが歌うたうだけうたい切れば、
歌うたうけれども、歌うたいだけ歌うたい切れないから歌うたわぬ。

練習3

青巻紙　赤巻紙　黄巻紙
長巻紙　巻巻紙　紙巻紙

あの有名な劇団四季も、「呼吸法」と「母音法」に力を入れています。
いわゆる「**劇団四季メソッド**」と呼ばれるもので、たとえば、「はじめまして」というセリフを言う場合、いったん子音をはずし、「ア・イ・エ・ア・イ・エ」と母音のみでしゃべる練習をしているそうです。

日本語には母音はたった5つしかありません。
5つしかないからこそ、しっかり明瞭《めいりょう》に発音しなければ、聞き手に伝わりにくくなってしまうのです。

通勤途中の車のなか、お風呂に入っているとき、寝る前……少しの時間でもいいので、口の開きや発声を練習しましょう。

あがりを「克服する」効果絶大の朗読トレーニング

あなたは、「決まった原稿を読む」のと、「原稿なしでフリーで話す」のと、どちらが苦手ですか？

私は断然、前者です。いまでも、司会のお仕事と講演だったら、司会のほうが緊張します。

（自分で作ることもありますが）担当の方が丹精《たんせい》込めて作った原稿を、その担当者さんの前で、一字一句、間違えずに噛《か》まずに読むというプレッシャーはハンパないです。（苦笑）

いまでこそ緊張をコントロールする方法を知っているので、実際には声が震えることはありませんが、私はもともと中学の本読みであがりを意識したので、「読む」ことに対する恐怖心は相当なものでした。

そして、あがり症克服協会の会員様のあがり発症のきっかけNo.1も、学生時代の教科書読みです。

しかし、じつは**本読みトレーニングは意外とあがり克服の効果を感じやすい**のです。

スピーチは生ものですから、まったく同じスピーチをすることってまずありませんし、そういう意味で、スピーチは「話した瞬間に消えてしまう〝消え物〟」ですので、本人には上達・効果がわかりにくいものです。

いっぽう、朗読はまったく同じものを繰り返し練習することができるので、成長、変化を感じやすいのです。

本読み恐怖解消だけでなく、表現力の練習にもなる、ナレーションに挑戦してみましょう。

自身のあがりではなく、ナレーションの内容や目的に集中することがポイントです。声をしっかり前に出し、抑揚《よくよう》をつけてしゃべってみると、声が震えないことが実感できるはずです。

さらに、録音して残しておき、最初のころと、最新のものを聞き比べてみるのをお勧めします。

腹式発声でのナレーション練習を重ねるごとに、声がしっかりとしてくるのがわかると思います。

原稿読みであがらないための練習法

1 立っていても座っていても、背中を丸めず姿勢を良くする。

2 原稿を見てもいいが、原稿に顔を近づけすぎないこと。原稿と顔は30センチ以上離す。

3 反対側の壁や時計など、目標を前方に設定し、声を前に飛ばすように読む。

4 緊張すると読むスピードが速くなりやすいので、1・5倍ぐらいゆっくり読む。

5 滑舌を意識し、明瞭に発音する。読みづらいところは何度も練習する。

6 一人で練習するときも、聞き手が大勢いるイメージを持って練習する。

腹式発声で震えない声をつくることができたら、完璧です！
録音をして、何度もチェックしてみてください。

練習文1

みなさん、おはようございます。4月8日火曜日、市政ニュースの時間です。

今日は、市議会からのお知らせです。

6月23日より30日まで本会議が開会されます。

本会議の様子は、どなたでも傍聴できます。聴覚に障害がある方は、手話通訳を利用することもできます。

傍聴席は356席あります。本会議の傍聴を希望される方は、本会議の当日、市役所本庁舎3階の傍聴席入口で、傍聴券を受け取り入場してください。

市議会からのお知らせでした。

チェックポイント

- ☐ 適度にリラックスして読めた。
- ☐ 姿勢よく読めた。
- ☐ お腹からしっかり声を出せた。
- ☐ 口を正しく開けて読むことができた。
- ☐ 内容に合わせて抑揚をつけられた。
- ☐ 自分のあがりではなく話す内容に集中できた。
- ☐ 時折顔を上げて聞き手にも意識を向けることができた。

できなかったところは、少しずつでもいいので練習していきましょう。

練習文2

みなさんご存じのように、女性の平均寿命は世界一を更新し続けています。しかし同時に、病気や障害の期間も延びており、「健康寿命」は決して長いとは言えません。やはり若いときからの健康管理が大切です。

そのひとつとして役立てたいのが「女性外来」。女性外来とは女性の心身をトータルで診ていく医療機関です。女性特有の病気でも気軽に受診でき、病気の早期発見、早期治療につながります。

健康な老後を送るためにも今から上手に利用したいものです。

チェックポイント

- ☐ 適度にリラックスして読めた。
- ☐ 姿勢よく読めた。
- ☐ お腹からしっかり声を出せた。
- ☐ 口を正しく開けて読むことができた。
- ☐ 内容に合わせて抑揚をつけられた。
- ☐ 自分のあがりではなく話す内容に集中できた。
- ☐ 時折顔を上げて聞き手にも意識を向けることができた。

練習文3

お待たせいたしました。ただいまより流鏑馬《やぶさめ》を行ないます。

流鏑馬の歴史は古く、今から約1400年前、「天下泰平・五穀《ごこく》豊穣《ほうじょう》」を祈願するために起こったと言われています。平安時代には貴族の宮廷内行事、鎌倉時代には武士のたしなみとされていました。

小笠原流、細川流、武田流などの流派に守られ、歴史をくぐり抜け、武道として、また文化として受け継がれ、現在でも、鎌倉鶴岡八幡宮、明治神宮、日光東照宮、京都下鴨神社などで行なわれています。

流鏑馬で使う弓は、弓道で使う標準の長さのもので、矢は先端に鉄や木をつけた4枚羽のものを使います。

矢を放つときに出る弦音《つるね》や的の割れる音は、馬にとってはたいへんな恐怖で、そんな馬の気持ちをやわらげ、人馬一体《じんばいったい》となった流鏑馬になることを念じます。見事、的を射貫《いぬ》くことができましたら、盛大な拍手をお願いいたします。それではご覧ください。

チェックポイント

- □ 適度にリラックスして読めた。
- □ 姿勢よく読めた。
- □ お腹からしっかり声を出せた。
- □ 口を正しく開けて読むことができた。
- □ 内容に合わせて抑揚をつけられた。
- □ 自分のあがりではなく話す内容に集中できた。
- □ 時折顔を上げて聞き手にも意識を向けることができた。

練習文4

けなされて育つと、子どもは、人をけなすようになる
とげとげした家庭で育つと、子どもは、乱暴になる
不安な気持ちで育てると、子どもも不安になる
「かわいそうな子だ」と言って育てると、子どもは、みじめな気持ちになる
子どもを馬鹿にすると、引っ込みじあんな子になる
親が他人を羨んでばかりいると、子どもも人を羨むようになる
叱りつけてばかりいると、子どもは「自分は悪い子なんだ」と思ってしまう
励ましてあげれば、子どもは、自信を持つようになる
広い心で接すれば、キレる子にはならない
誉めてあげれば、子どもは、明るい子に育つ
愛してあげれば、子どもは、人を愛することを学ぶ
認めてあげれば、子どもは、自分が好きになる
見つめてあげれば、子どもは、頑張り屋になる
分かち合うことを教えれば、子どもは、思いやりを学ぶ
親が正直であれば、子どもは、正直であることの大切さを知る
子どもに公平であれば、子どもは、正義感のある子に育つ
やさしく、思いやりを持って育てれば、子どもは、やさしい子に育つ
守ってあげれば、子どもは、強い子に育つ
和気あいあいとした家庭で育てば、
子どもは、この世の中はいいところだと思えるようになる

【子どもが育つ魔法の言葉】ドロシー・ロー・ノルト作

チェックポイント

- □ 適度にリラックスして読めた。
- □ 姿勢よく読めた。
- □ お腹からしっかり声を出せた。
- □ 口を正しく開けて読むことができた。
- □ 内容に合わせて抑揚をつけられた。
- □ 自分のあがりではなく話す内容に集中できた。
- □ 時折顔を上げて聞き手にも意識を向けることができた。

アナウンサーもこっそり使っている「外郎売」

「外郎売《ういろううり》」とは、享保3年（1718年）二代目市川團十郎《いちかわだんじゅうろう》によって初演された歌舞伎十八番のことで、現代で外郎売といえば、劇中の長台詞を指すことがほとんどです。俳優さんやタレント、アナウンサーなどの養成所で取り入れている発声練習の教材としても有名です。

「news every.」のキャスター、NEWSの小山慶一郎《こやまけいいちろう》クンも、番組本番前に「外郎売」を読むそうです。一時期アナウンス学校に通っていて、そのときの教科書に載っていたそうなんですね。テレビで披露《ひろう》していましたが、お上手でした！

私も本番前はもちろんのこと、お風呂や車のなかでも暗唱しています。

早口言葉のように見えますが、**速く言うことよりも、一音ずつ粒立てるように、明瞭に発声するよう心がけてみてください。**発声、滑舌、抑揚など総合的にトレーニングできるので、声の上ずりが気になる方、滑舌が悪い方にもお勧めです。

外郎売

拙者親方《せっしゃおやかた》と申すは、お立合《たちあい》のうちに、ご存じのお方もござりましょうが、お江戸を発《た》って二十里上方《にじゅうりかみがた》、相州小田原一色町《そうしゅうおだわらいっしきまち》をお過ぎなされて青物町《あおものちょう》を登りへおいでなさるれば、欄干橋虎屋藤《らんかんばしとらやとう》右衛門《えもん》、只今は剃髪《ていはつ》致して円斉《えんさい》となのりまする。

元朝《がんちょう》より大晦日《おおつごもり》まで、お手に入れまする此《こ》の薬は、昔、ちんの国の唐人《とうじん》、外郎《ういろう》という人、わが朝《ちょう》へ来《きた》り、帝《みかど》へ参内《さんだい》の折からこの薬を深く籠《こ》め置き、用ゆる時は一粒《いちりゅう》ずつ冠《かんむり》の隙間より取り出《いだ》す。依《よ》ってその名を帝《みかど》より、とうちんこうと賜わる。即《すなわ》ち文字《もんじ》には「頂《いただ》き、透《す》く、香《にお》い」と書いて「とうちんこう」と申す。

只今はこの薬、殊《こと》の外《ほか》世上《せじょう》に弘《ひろ》まり、方々《ほうぼう》に似看板《にせかんばん》を出《いだ》し、イヤ、小田原の、灰俵《はいだわら》の、さん俵《だわら》の、炭俵《すみだわら》のと色々に申せども、平仮名《ひらがな》をもって「ういろう」と記《しる》せしは親《おや》方円斉《かたえんさい》ばかり。もしやお立合《たちあい》の内に、熱海か塔《とう》の沢《さわ》へ湯治《とうじ》にお出《いで》なさるるか、又は伊勢御参宮《いせごさんぐう》の折からは、必ず門違《かどちが》いなされまするな。お登りならば右の方《かた》、お下りなれば左側、八方《はっぽう》が八《や》つ棟《むね》、表が三《み》つ棟《むね》、玉堂造《ぎょくどうづく》り、破風《はふ》には菊に桐《きり》のとうの御紋《ごもん》を御赦免《ごしゃめん》あって、系図正しき薬でござる。

イヤ最前《さいぜん》より家名の自慢ばかり申しても、ご存じない方には、正身《しょうじん》の胡椒《こしょう》の丸《まる》呑《のみ》、白川夜船《しらかわよふね》、さらば一《いちりゅう》粒食べかけて、その気味合《きみあい》をお目にかけましょう。先《ま》ずこの薬をかように一粒舌の上にのせまして、腹内《ふくない》へ納めますると、イヤどうも云えぬは、胃《い》、心《しん》、肺《はい》、肝《かん》がすこやかになりて、薫風咽《くんぷうのんど》より来《きた》り、口中微涼《こうちゅうびりょう》を生ずるが如《ごと》し。魚鳥《ぎょちょう》、茸《きのこ》、麺類《めんるい》の食合《くいあわ》せ、其《そ》の他、万病速効《まんびょうそっこう》ある事神《かみ》の如し。

さて、この薬、第一の奇妙には、舌のまわることが、銭《ぜに》ゴマがはだしで逃げる。ひょっと舌がまわり出すと、矢も盾《たて》もたまらぬじゃ。そりゃそりゃ、そらそりゃ、まわってきたわ、まわってくるわ。アワヤ咽《のど》、さたらな舌にカ牙《げ》サ歯音《しおん》、ハマの二つは唇の軽《けい》重《ちょう》、開合《かいごう》さわやかに、あかさたなはまやらわ、おこそとのほもよろを、一つへぎへぎに、へぎほしはじかみ、盆《ぼん》まめ、盆米《ごめ》、盆ごぼう、摘蓼《つみたで》、摘豆《つみまめ》、つみ山椒《ざんしょう》、書写山《しょしゃざん》の社《しゃ》僧正《そうじょう》、粉米《こごめ》のなまがみ、粉米のなまがみ、こん粉米の小生《こなま》がみ、繻子《しゅす》ひじゅす、繻子、繻珍《しゅちん》、親も嘉兵衛《かへえ》、子も嘉兵衛、親かへい子かへい、子かへい親かへい、ふる栗の木の古切口《ふるきりくち》。雨合羽《あまがっぱ》か、番合羽《ばんがっぱ》か、貴様《きさま》のきゃはんも皮脚絆《かわぎゃはん》、我等《われら》がきゃはんも皮脚絆、しっ皮袴《かわばかま》のしっぽころびを、三針《みはり》はりながにちょと縫うて、ぬうてちょとぶんだせ、かわら撫子《なでしこ》、野石竹《のぜきちく》。のら如来《にょらい》、のら如来、三《み》のら如来に六《む》のら如来。一寸先《ちょとさき》のお小仏《こぼとけ》におけつまずきゃるな、細溝《ほそどぶ》にどじょにょろり。京のなま鱈奈良《だらなら》なま学鰹《まながつお》、ちょと四《し》、五貫目《ごかんめ》、お茶立《ちゃた》ちょ、茶立ちょ、ちゃっと立ちょ茶立ちょ、青竹《あおだけ》茶筅《ちゃせん》でお茶ちゃっと立ちゃ。

来るわ来るわ何が来る、高野《こうや》の山のおこけら小僧。狸百匹《たぬきひゃっぴき》、箸百膳《はしひゃくぜん》、天目百杯《てんもくひゃっぱい》、棒八百本《ぼうはっぴゃくほん》。武具《ぶぐ》、馬具《ばぐ》、ぶぐ、ばぐ、三《み》ぶぐばぐ、合わせて武具、馬具、六《む》ぶぐばぐ。菊、栗、きく、くり、三《み》菊栗、合せて菊、栗、六《む》菊栗。麦、ごみ、むぎ、ごみ、三《み》むぎごみ、合せてむぎ、ごみ、六《む》むぎごみ。あの長押《なげし》の長薙刀《ながなぎなた》は、誰《た》が長薙刀ぞ。向こうの胡麻《ごま》がらは、荏《え》のごまがらか、真《ま》ごまがらか、あれこそほんの真胡麻殻《まごまがら》。がらぴい、がらぴい風車《かざぐるま》、おきゃがれこぼし、おきゃがれ小法師《こぼし》、ゆんべもこぼして又こぼした。たあぷぽぽ、たあぷぽぽ、ちりから、ちりから、つったっぽ、たっぽたっぽ一丁だこ、落ちたら煮て食お、煮ても焼いても食われぬものは、五徳《ごとく》、鉄《てっ》きゅう、かな熊《くま》童子《どうし》に、石熊《いしくま》、石持《いしもち》、虎熊《とらくま》、虎《とら》きす、中にも、東寺《とうじ》の羅生門《らしょうもん》には、茨木童子《いばらきどうし》がうで栗五合《ぐりごんごう》つかんでおむしゃる、かの頼光《らいこう》のひざもと去らず。

鮒《ふな》、きんかん、椎茸《しいたけ》、定めて後段《ごだん》な、そば切り、そうめん、うどんか、愚鈍《ぐどん》な小新発《こしんぼ》地《ち》。小棚《こだな》の、小舌《こした》の、小桶《こおけ》に、こ味噌《みそ》が、こ有《あ》るぞ、小杓子《こしゃくし》、こ持って、こすくって、こよこせ、おっと合点《がってん》だ、心得《こころえ》たんぼの川崎、神奈川、程ケ谷《ほどがや》、戸塚《とつか》は、走って行けば、やいとを摺《す》りむく、三里《さんり》ばかりか、藤沢、平塚、大磯《おおいそ》がしや、小磯《こいそ》の宿を七つ起きして、早天早々《そうてんそうそう》、相州小田原《そうしゅうおだわら》とうちん香、隠れござらぬ貴賤群衆《きせんぐんじゅ》の花のお江戸の花ういろう、あれあの花を見てお心をおやわらぎやという。

産子《うぶこ》、這子《はうこ》に至るまで、この外郎《ういろう》の御評判、ご存じないとは申されまいまいつぶり、角《つの》出せ、棒出せ、ぼうぼうまゆに、臼《うす》、杵《きね》、すりばち、ばちばちぐゎらぐゎらぐゎらと、羽目《はめ》を弛《はず》して今日《こんにち》お出《いで》のいずれも様《さま》に、上げねばならぬ、売らねばならぬと、息せい引っぱり、東方《とうほう》世界の薬の元〆《もとじめ》、薬師如来《やくしにょらい》も照覧《しょうらん》あれと、ホホ敬《うやま》って、ういろうは、いらっしゃりませぬか。

抑揚をつけると、聞こえ方がまったく違う

あがり症で会話が苦手な人は、話に抑揚をつけるのが苦手だと思います。抑揚が出てくると、会話にメリハリが生まれてきますので、緩急《かんきゅう》・強弱・高低・明暗・硬軟・間などの要素を用いて表現してみましょう。

1 プロミネンスを意識する

文中の特定の語を強く発音することで、その意味を強調することができます。強調する場所を変えて読んでみましょう。

例

[今日は] バスで　会社へ　行きます。
今日は [バスで] 会社へ　行きます。

今日は　バスで　会社へ　行きます。

2 イントネーションを意識する

話の内容や話し手の感情の動きによる声の上がり下がりのことです。

イントネーションを意識して読んでみましょう。

例

このお菓子、おいしい。

このお菓子、おいしい？

本番を想定した録画チェックに挑戦しよう

スピーチ成功に向けて、ここまで学んできたことをもとに、できあがった原稿を声に出して読み、録音か録画をしてみましょう。

動画を見るときのポイント

1 自分だと思って見ると、「どうせヘタだ」というフィルターがかかるので、あくまで他人だと思って客観的に評価すること。

2 緊張だけにフォーカスするのではなく、姿勢、表情、視線、抑揚など、総合的に判断すること。

3 マイナス面ばかりに目を向けず、いいところも認めること。

4 できれば、家族や知人にも見てもらい、感想を聞くこと。

あわせて時間もチェックしてみましょう ＿＿＿分 ＿＿＿秒

録画したものを見てみて

●良かったところはどこですか →

●直すべきところはどこですか →

直すべきところは修正しながら、繰り返し練習します。
いざ本番の日には、原稿は持っても持たなくても構いません。いま書いたことをベースに、お腹からしっかりと声を出して、思うままに話してみましょう。

Chapter

4

本番に強くなる秘策を教えます

本番が近づくほど物怖じしてしまうわけ

1章では「あがりとはどういうものか」、2章では「話が途切れない原稿作成の仕方」、3章では「震えず印象のいい発声」について学びました。

この章では、「本番直前でもできるあがり解消法」について、勉強しましょう。

いま思うと、あがり症時代にもっとも怖かったのは、本番前の待ち時間でした。

よくあるのが、会合などで「順番に自己紹介してください」と言われたとき。順番が刻一刻と迫ってきて、「次、自分の番だ」というときのドキドキ感は、寿命が縮む思いでした。

もっとつらいのは、結婚式や歓送迎会で、いつ、なにで指名されるかわからないとき。「いつ当たるかわからない恐怖」におびえ続けることになります。

この待ち時間、やっかいなことに、**本番までに時間があるという一見ラッキーな場面ほど、苦痛な時間が長くなってしまう**ということになるのです。

たとえば、半年後に３００人の前で5分間のプレゼンをすることになったと想像してみてください。

人前に立つのはほんの５分です。

でもイヤ~な緊張感とは半年間付き合うことになります。なにをしていてもソワソワしたり、ご飯が喉《のど》を通らなかったり、失敗する悪夢を見たり……来る日も来る日も恐怖と不安でいっぱいになってしまいます。

私の場合は、12年前、３か月後に行なう20分の発表を命じられたことがあり、その後の３か月間は、生きた心地がしませんでした。過ぎてしまえば一瞬のスピーチのために、何か月も不健康な生活を強いられる場合もあるわけです。

「いきなり当たったほうがラク」という人が多いのも、この待ち緊張に耐えるのが苦痛だからですよね。

このように、過去に経験した恐怖やトラウマから、そのことを考えるだけで不安を感じてしまうことを「**予期不安**」といいます。

あがり症だけでなく、高所恐怖症や先端恐怖症など多くの恐怖症も、この予期不安によるものです。

人間の想像力はいい意味でも悪い意味でも無限大。緊張で悩んでいる方は、この想像力を悪いほうへ使ってしまいがちです。

思い詰めれば詰めるほど最悪のパターンを想定し、やがて事実とかけ離れた結末を思い描いてしまうのです。

よって、この「待ち緊張」とどう付き合うのかがあがり克服のカギといっても過言ではありません。

人の話を聞くほうが「待ち緊張」は小さくなる

「待ち緊張」解消法は、私の講座でももっとも力を入れているワークのひとつであり、それほど難しくなく改善が可能です。

私の講座では、まずいきなり、全員の方に自己紹介をしていただきます。

そして、「隣の人がなにを話したか言ってみてください」と尋ねます。

すると、ほとんどの人が答えられません。メモを取っている人も皆無です。

あがっている人は、順番を待っている間、まったくと言っていいほど人の話を聞くことができません。

自分の番が回ってくるまでは、「なにを話したらいいんだろう」「また声が震えたらどうしよう……」と自分のことで精一杯で、人の話はまったく耳に入らないのです。自分の番が終わったあとは、頭のなかで反省会がはじまり、やはり人の話を聞くことができません。

じつはこれが、待ち緊張を大きくしている原因です。

そこで私は、「もう一度、おひとりずつ話していただきますが、今度はご自分の直前の人の話をちゃんと聞くようにしてください。メモを取っていただいて結構です。終わったあとも、すぐに次の人の話に意識を向けてください」と指示します。

すると、どうでしょう。「人の話を覚えている」のはもちろんのこと、「待ち緊張がさっきより格段に減りました！」とおっしゃいます。

このように、待っている間は人の話に関心を向けると、待ち緊張も小さくなります。**人の話を聞かず、自分のあがりのことばかり考えているから、よりあがるのです。**

それだけでなく、話を聞かない人は印象も悪くなります。

人前が苦手なために、終始下を向いていたり、無表情・無関心な態度をしていると、やる気がないと思われてしまいます。

人が話しているとき、腕や足を組んでいたり、肘《ひじ》をついている人もいます。けっして悪気はなく、手足の震えを隠したいという無意識の行為かもしれませんが、まわりは「偉そう」と感じます。

人が話しているときは、話し手の目を見て、うなずき、関心のある態度をしましょう。

他人のスピーチ、話し方には、ヒントがたくさん詰まっているので、メモを取ることもお勧めです。メモを取るという行為が、あがりを抑えるという効果もあります。

聞き上手はあがり解消上手。印象は上がり、緊張は下がるので、一石二鳥です。話を聞く＝8割、自分のスピーチのことを考える＝2割程度にしておきましょう。待ち緊張と仲良くなれると、常に心の奥底にあった重石がスッキリなくなっていきますよ！

1 会議に出たら、参加者全員の名前を覚え、話を聞き、メモを取る。

2 セミナーに出たら、会場全体を見渡し、前のほうに座る。隣の席の人に挨拶《あいさつ》する。

3 電車に乗ったら、まわりをよく観察し、お年寄りや妊婦さんなどがいたら席をゆずる。

「自意識過剰」で「逃げグセ」のある人は、こんな行為が苦手なはずです。

1～3は自意識から他意識に変える練習ですので、日ごろから、そしてもちろん本番当日の会場でも、意識的に行なってください。

スピーチ5分前にできる緊張のしずめ方

「手のひら に人」や「聴衆をカボチャ」よりよっぽど効果的な、本番当日でもできる「あがらず上手に話す方法」があります。

それは「**聴衆を味方につける**」ことです。

私はいまでも、レッスンのはじまる30分前には教室に入り、受講生の方とおしゃべりします。

講演会の場合は1時間前に会場に入ります。

講師控室が用意されていることが多いのですが、スタッフや聴衆とできるだけお話をさせていただくようにしています。

初対面の方100人の前で講演させていただくとき、ましてや初めての会場で話すときは、いまでもとても緊張しますが、これをすると、聴衆の「聞いてくださる態度」がまったく違いますし、結果的に自分自身が救われるのです。

人前で話すときいちばん怖いのは、いっさい反応がないことです。

司会をさせていただくときもそうです。

真っ先に主催者側のスタッフ、出演者のところへ伺い、名刺交換し、談笑させていただきます。

これをすることで、格段に司会がやりやすくなり、緊張も少なくなります。ときどきテレビやラジオに出演させていただきますが、パーソナリティさんはかならずこれをされています。

十分なコミュニケーションを取らないままいきなり本番に入ってしまうと、ゲストも緊張してしまいますし、その方の魅力を引き出し、伝えることはできません。

プロほど、カメラの回っていないところでのトークを大切にしています。

朝礼でも、プレゼンでも、結婚式のスピーチでもいえることなのですが、本番直前に焦《あせ》っても、あがりは強くなるいっぽうです。

ここまできたら、開き直ってやるしかない。それでも、本番前は不安でいっぱいになると思います。

そんなときは、まわりの人とお友だちになり、会話をしましょう。いざ本番がはじまったら、笑顔で聞いてくれるはずですし、なにかあったとき助けてくれるはずです。本番前に笑顔で話すことで、顔の筋肉もほぐれ、発声練習にもなりますので、一石二鳥です！

「喫茶店の状況」をつくると、空気が一変する

まず、大前提として、聞き手というのは、小人数より大人数になればなるほど、反応が薄くなるという特徴があります。

普段のあなたを思い返してみてください。

2～3人で集まって喫茶店で会話をするとき、あなたはどういう態度をしますか？長年連れ添った夫婦なら別ですが、普通は聞き手の顔をしっかり見て、あいづちを打ちますよね。

楽しい話、面白い話のときは、笑顔でリアクションし、悲しい話、つらい話のとき

は、相手の感情に寄り添い、それにふさわしい表情をすると思います。

ところが、聴衆が100人、200人という研修や講演会に参加したときは、どうでしょうか？

講師の話をうんうんとうなずきながら聞いてくれる人は少数で、ずっと下を向いている人、肘をつく人、携帯をいじる人、寝る人など、いろいろといらっしゃいます。

聞き手が数人なら、誰かが話しているときに露骨《ろこつ》にそんな態度はしませんが、大人数になればなるほど、意識して聞かなくなるものです。

あいづちを打ったり、状況に応じた表情をつくるためには、話の内容に終始集中しなくてはならず、聞き手も常に緊張していなければなりません。

ですから、**聞き手が大人数のときは、反応がなくても落ち込む必要はありません。**

「聞き手はリラックスして聞いてくれている」と思ってください。

まぁ、そうはいっても、反応が欲しいときもありますよね（私はしょっちゅうです）。

そんなときは、あえて「喫茶店の状況」に持っていくようにします。研修であれば、ペアワークやグループワークを随所に組み込みます。

アイスブレイク（205ページ参照）などの技法をどんどん取り入れてみてください。

グループワークが難しいときは、こちらから聞き手にバンバン当てていきます。「一対一の逃げられない状況」をつくるわけです。**当たるとなると、急にピリッとした雰囲気になり、一気に聞き手の集中力がアップします。**

また、「いまから席替えをします」「ここ大事なのでメモしてください」などと、行動を促すことで、空気を変えます。メモをしようとすると、集中して聞かざるを得ませんから。

結果、私の講演で寝る人は皆無です。（笑）

「あがりカミングアウト」を体験する

過去の恐怖体験などにより抑圧された不安や感情を言葉で表現することで、その苦痛から解消され、安堵《あんど》感や安定感を得ること、これを精神分析の用語で「**カタルシス**

効果」と呼びます（※カタルシス＝ギリシャ語で「浄化」の意）。
「あがり症」というのはなかなか人には打ち明けにくい悩みかもしれません。
しかし、人知れず悩んでいても、ますます不安感は強くなってしまいます。
信頼できる人にありのままを打ち明けるのも、心の緊張を解くためには有効です。

私は、中学1年であがりを自覚してから17年間、先生にも家族にも職場の人にもいっさい内緒にしていました。家族に内緒で、高額な催眠療法や精神内科に通っていたのです。

そのときの後ろめたさは、いまでも忘れません。そして、最後の砦《とりで》のつもりで話し方教室に入り、他の生徒の皆さんが笑いながら「今日も緊張した〜」「ちょっと失敗しちゃったかな〜」とおっしゃっているのを聞いたとき、**「あがる自分」、「うまくできない自分」を認めてあげられなかったことが、長年自分自身を苦しめ追い込んでいた**ことに気づきました。

いま思えば、世の中の8割以上が、あがり症。恥じることも、隠す必要もなかったのに。

自分以外にも同じ悩みを持つ人がいるということを知り、「こんなにあがるのは自分だけ」「自分のあがりは異常だ」という、事実と異なる根拠もない思い込みから抜け出すことができました。

そこから、「あがるのがイヤだ、逃げたい」から、「いまこんな状況で悩んでいる」ということを人に話せるようになり、そこからは、「では、どうすればあがらず話せるようになるか」を考えることができるようになりました。

私の講座でもこの「**過去のトラウマ体験を話す**」というワークがあります。

過去のあがってしまった失敗談を紙に洗いざらい書き出していただき、受講生同士がそれについて話し合うというものです。

「いままで誰にも言えなかったけど、ここでならありのまま言えます！」と笑顔で話してくださる方、「妻（夫）に内緒で受講したのですが、帰って告白したらとてもラクになれました！　いまでは家族みんなが応援してくれています！」という方も。

いままさに、誰にも言えず、ご自身を追い込んでしまっている方には、「あがりカミングアウト」が本当にお勧めです！

セロトニン不足は、あがりにも影響をおよぼす

「緊張しやすい」状態には、脳内物質のノルアドレナリンとセロトニンが大きく関係していることがわかっています。

ノルアドレナリンは、交感神経を活性化させ、心拍数などを高めるのですが、ノルアドレナリンの分泌《ぶんぴつ》を抑え、**心のバランスを整える役割をするのが、神経伝達物質セロトニン**です。

セロトニンが不足すると、あがりやすくなるだけでなく、うつ病や不眠症になりやすいといわれています。

つまり、話し方を変えるだけでなく、毎日の行動習慣を変えることで、よりあがりにくい体を手に入れることができるのです。

セロトニン不足度をチェックしてみましょう

セロトニンが不足していないかどうか、次の12項目でチェックしてみましょう。

- □ 緊張しやすい。
- □ 寝つきが悪い、夜中によく目が覚める。
- □ 頭痛、生理痛がある。
- □ 疲れやすい。
- □ 顔のたるみが気になる。
- □ 猫背である。
- □ イライラすることが多い。
- □ たくさん食べても満足できない。
- □ 太り気味。
- □ 定期的に運動をしていない。
- □ なにをするにも億劫《おっくう》だ。
- □ 朝食は食べないことが多い。

(!) 5個以上当てはまる方は要注意!

セロトニンを増やす方法

じつは、ちょっとした生活習慣を見直すだけで、セロトニンは活性化します。日常生活で簡単にできる方法をご紹介します。

1 太陽の光を浴びる

朝起きて日光を浴びると、セロトニンが活性化します。できるだけ規則正しい生活を心がけましょう。

2 ウォーキングやダンスなどのリズム運動

適度な運動はセロトニンの分泌を促します。

3 「トリプトファン」の多い食べ物を摂る

セロトニンの分泌にはアミノ酸の一種である「トリプトファン」と「ビタミンB_6」が有効です。

赤身の魚や肉類、乳製品、ナッツ類などをバランスよく食べるようにしましょう。

4 よく噛んで食べる

スポーツ選手が試合前にガムを噛むのは、セロトニンの分泌を促進し、気持ちを落ち着かせるためだそうです。日ごろからよく噛んで食べましょう。

5 深い呼吸をする

深くゆっくりした呼吸にはリラックス効果もあります。

私の講座では、いざというとき力を発揮できるよう、日ごろからセロトニンの分泌を促す食品を摂ることをお勧めしています。

セロトニン分泌には、必須アミノ酸の一種である「**トリプトファン**」と「**ビタミンB_6**」が有効ですので、魚や肉類、大豆や納豆、味噌などの豆製品、ナッツ類などをバランスよく食べるようにしましょう。

またカルシウムやマグネシウムには、気持ちを落ち着かせる作用があります。

あがりに効く栄養素とそれを含む食品

トリプトファン、ビタミンB_6	セロトニンを作り出す材料となる 例　赤身の肉や魚、牛乳やチーズなどの乳製品、大豆や味噌などの豆製品、ナッツ類、バナナなどの果物
カルシウム、マグネシウム	神経を安定させ、不安・イライラを鎮める 例　牛乳やチーズなどの乳製品、ほうれん草や小松菜などの緑黄色野菜、わかめやひじきなどの海藻類

※これさえ食べればあがらないという意味ではありません。また、摂りすぎには注意してください。

「お腹が痛くなる」悩みの対処法

本番であがりやすい人のなかには、緊張するとお腹が痛くなる、という悩みを抱えている人も少なくありません。

緊張すると消化機能が下がり、消化不良や下痢を起こしやすくなっています。

前日の暴飲暴食は避け、当日の食事は極力軽めにしておきます。本番2時間前には済ませておきましょう。

当日の朝は牛乳やヨーグルトなどの乳製品&バナナがお勧めです。よく嚙《か》んでゆっくり食べましょう。

また、緊張すると喉《のど》が渇く人もいますが、人によってはトイレが近くなりますので、水分は摂りすぎないようにしましょう。

当日の持ち物チェック

本番で慌てることなく、普段通りの力を発揮するために、以下のものを忘れないようにしましょう。

- □ **原稿**

- □ **水分**

  お水がベストです。お茶は喉が渇きやすいので注意。

- □ **のど飴（声がれ、咳対策）**

  口に含んだままでは話しにくいので、声がかれそうだなと思ったときになめてください。

- □ **ハンカチ、ティッシュ**

  マイクスタンドがないとき、ハンカチの上にハンドマイクをそっと置くと不要なノイズを防ぐことができます。汗かきの人は2枚あると便利かも。

Chapter

5

どんな場面でもあがらずに話す方法

1~4章を通じて、話す技術を習得されてきたと思います。

いよいよ最終章。どんなピンチにも対応できるための「シーン別あがり克服テクニック」を余すことなく伝授しますので、ぜひご活用ください！

【自己紹介編】「感じのいい人」と思わせる話法

「皆さん、はじめまして。○○です。よろしくお願いします」

幼稚園児や、日本に来て数か月の日本語があまり得意でない外国人でもできる、おそらく誰もが生まれて初めてするパブリックスピーチ、それが「自己紹介」です。

新学期や歓送迎会、会議や会合、保護者会、町内会、習い事、ちょっとしたパーティーやコンパまで……。一生のうち、いったい何回自己紹介するでしょうか。回数でいったら、間違いなく、スピーチのなかでダントツ1位でしょうね。

ということは、**「自己紹介が苦でない」というのは、それだけで「スピーチの勝ち組」です！**

自己紹介は、幼少期から高齢になっても、性別や職業に関係なく、一生涯にわたって果てしなく続きます。

司会や挨拶《あいさつ》は、最悪、なにかと理由をつけて逃げ回り、ほかの人に頼むことができますが、「自分の紹介」は自分にしかできないことですから、まさに「絶対避けられないスピーチ」です。

それなのに、いつどんな場面でまわってくるかわからないので、その場でとっさに考えて、結果うまくいかない人が多いのです。

誰もがするものだからこそ、人と比べて、落ち込んでしまうこともありますし、最初の自己紹介でつまずくと、その後ずっと、その集まりに出るたびに、イヤな気分を引きずってしまいますよね。

自己紹介は、すべてのスピーチの基本といわれています。

たかが自己紹介、されど自己紹介。

「自己紹介を笑う者は、自己紹介に泣く」と私は思っています。

しかし、自己紹介が上手な人は、意外と少ないものです。私の生徒さんにも、自己紹介が大の苦手だという人がたくさんいらっしゃいます。

私たちは、学生時代に「読み」「書き」は習っても、「話す」ことを学んできていないので、「自分のことを話す」ことに抵抗がある人はまだまだ多いのです。

誰もがするのに、ビシッとかっこよくできる人は少ない。だったら、この機会にしっかり勉強して、「ソツのない」「カッコいい」、そして「まわりに喜ばれる」自己紹介をマスターしましょう！

好感をもたれる「自己紹介」6つのポイント

1 「短ければ短いほどいい！」と心得る

私には、「一生忘れられない自己紹介」があります。

40人ほどが参加しているセミナーで、ひとりずつ自己紹介をしていただくことになったのですが、なんと！　15分間ず〜っと話し続けた人がいました。

しかも、ほとんど自慢！

一同、ウンザリ……。

他の人が話す時間が少なくなってしまい、最後のほうは「巻き」で終わりました。私を含め、あのときあの場にいた皆さんは、その人のことを一生忘れないでしょう（もちろん悪い意味で！）。

ということで、「長い自己紹介ほど迷惑なものはない」のです。

極論をいうと、「自己紹介は短ければ短いほどありがたい！」のです。

しかし、やっかいなことに、あがり症の人にかぎって話が長くなりがちなのは、前章で述べたとおり。

なので、慣れないうちは、なにを話すのか、あらかじめ簡潔にまとめておき、時間を計っておきましょう。

具体的にいうと、**自己紹介は「1分以内」で終わらせます**。

20人の会合でひとり3分の自己紹介をしたら、それだけで1時間経ってしまいますよね。参加者が多いときほど、司会者や主催者、他の参加者の立場や状況を考え、短くコンパクトに話すことを心がけましょう。

2 余計な前置きや言い訳は不要！

「今日来ていきなり自己紹介をさせられると思いませんでした……」

「自己紹介と急に言われましても……なにも考えてきませんでしたので急には思いつきませんが……しいて言うなら……」

実際に、私の講座に初めていらっしゃる方に多いフレーズです。（苦笑）

自己紹介は事前に通達するものではありません。

「お互いの顔と名前を知り、親睦《しんぼく》を深めてほしい」という主催者側の気遣いですので、「なにも用意していない」という言い訳は無意味ですし、失礼にあたります。

「させられる」という「やらされ感」満載の言い方は、場の空気を悪くします。

ただでさえ短い持ち時間のなかで、「まさか自己紹介があるとは思わず……」「私のような者がご指名いただき……」などの余分な説明や前置きをすると、話が長くなる原因になります。

話してほしいと思って指名されたのですから、「つたない自己紹介で……」「ヘタなスピーチで……」といった過剰な謙遜《けんそん》もいりません。

長く話す必要もありませんし、とびきり上手じゃなくてもまったく構いませんが、場の空気を凍らせるのだけはやめましょう！

「挨拶→お辞儀→自己紹介→挨拶」のシンプルな型を覚えておき、必要に応じて内容を足していけば、問題ありません。

商談などでは、挨拶、肩書き、名前等を名乗ったら、すぐに本題に入ります。

3 名前ははっきりと

自己紹介でもっともやってはいけないのは、「名前が聞き取れないこと」です。

私の講座でも、受講者に最初に自己紹介をしていただくのですが、あがり症の人は声がか細くボソボソと話されるので、８割方、名前が聞き取れません。

これでは、自己紹介の意味をなしません。

名前が聞き取れないと、結局、あとでもう一度確認しなくてはならず、聞き手に余分な手間をかけることになりますから、注意しましょう。

苗字《みょうじ》と名前の間を空けずに一気に話すのも、ＮＧ。

（シチュエーションにもよりますが）**原則としてフルネームで名乗り、苗字と名前の間はかならず「ポーズ（間）」を取ってみてください。**これだけで聞き取りやすくなります。

また、地域や聞き手の年齢層に合わせて、地名や有名人と結びつけて名乗ると、グッとわかりやすくなります。

私の場合、「阪神タイガースの鳥谷クンと同じ鳥谷です！」は、テッパンです！（ただし、関西限定ですが）

さらに、漢字でどう書くかを説明してあげると、イメージしやすく、好印象です。

4 あれもこれも話さない

印象的でわかりやすい自己紹介にするポイントは、あれもこれも話さないことです。

たとえば、趣味について話す場合、「読書と映画鑑賞とゴルフです。読書は最近〇〇を読みまして……、最近観た映画は△△で……、ゴルフはベストスコアが□□で……」などといくつも並べられると、聞き手の興味は散漫になり、なにひとつ情報が入ってきません。

基本的には、1スピーチ・1エピソード。聴衆に合わせて、一点に絞りましょう。

ありきたりのものより意外性のあるもののほうが、聞き手の印象に残ります。

5 落ち着いて見える立ち居振る舞い

初対面の人に自分を印象づけるわけですから、なにより大切なのは見た目や立ち居振る舞いです。さわやかな笑顔、きりりとした姿勢、スマートな立ち居振る舞いは聞き手を惹きつけます。

「ながら動作」をせず、歩く、お辞儀をするなどの一つひとつの動作を分けて行なうと、洗練された美しい印象を与えます。

「**語先後礼**」という言葉があります。「言葉が先で、お辞儀が後」という意味です。「おはようございます」と言いながらお辞儀をするより（ながら動作）、「おはようございます」と言い終わってから丁寧にお辞儀をするほうがパブリックな場所では落ち着いた印象を与えます。

（転勤先での自己紹介例）

❶皆さん、おはようございます！（第一声が大事。元気よく挨拶）

❷お辞儀（この間に聞き手が挨拶を返してくれますので、それを聞きながらゆっくりお辞

儀）

❸本日、経理部より営業部に配属されました、大田一輝と申します。大きい田んぼに、漢数字の一に輝くと書きます。（簡単に自己紹介。必要に応じて話を膨《ふく》らまします）

❹未熟者ですが、一生懸命がんばりますので、ご指導よろしくお願いいたします！（締めの挨拶）

❺もう一度お辞儀（聞き手が拍手をしてくれる場合は、それを聞きながら）

6 人の話も意識して聞く

4章でもお話ししましたが、人前で話すのが苦手な人の特徴として、「人の話がまったく耳に入らない」というのがあります。自分の番が回ってくるまでは自分のスピーチのことばかりに気をとられ、人の話には無関心、終わったあとは、自分のなかで「反省会」がはじまり、やはり人の話を聞かない……そういう人が多いのです。

「人の話を聞いていない」のは、態度でわかります。

下を向いてばかりいたり、無表情・無関心な態度をしていると、印象は悪くなります。

足や腕を組むのは「あなたの話は聞きたくない」という拒否のポーズととられても仕方ありません。

人が話しているとき、
こんな態度をしていませんか？

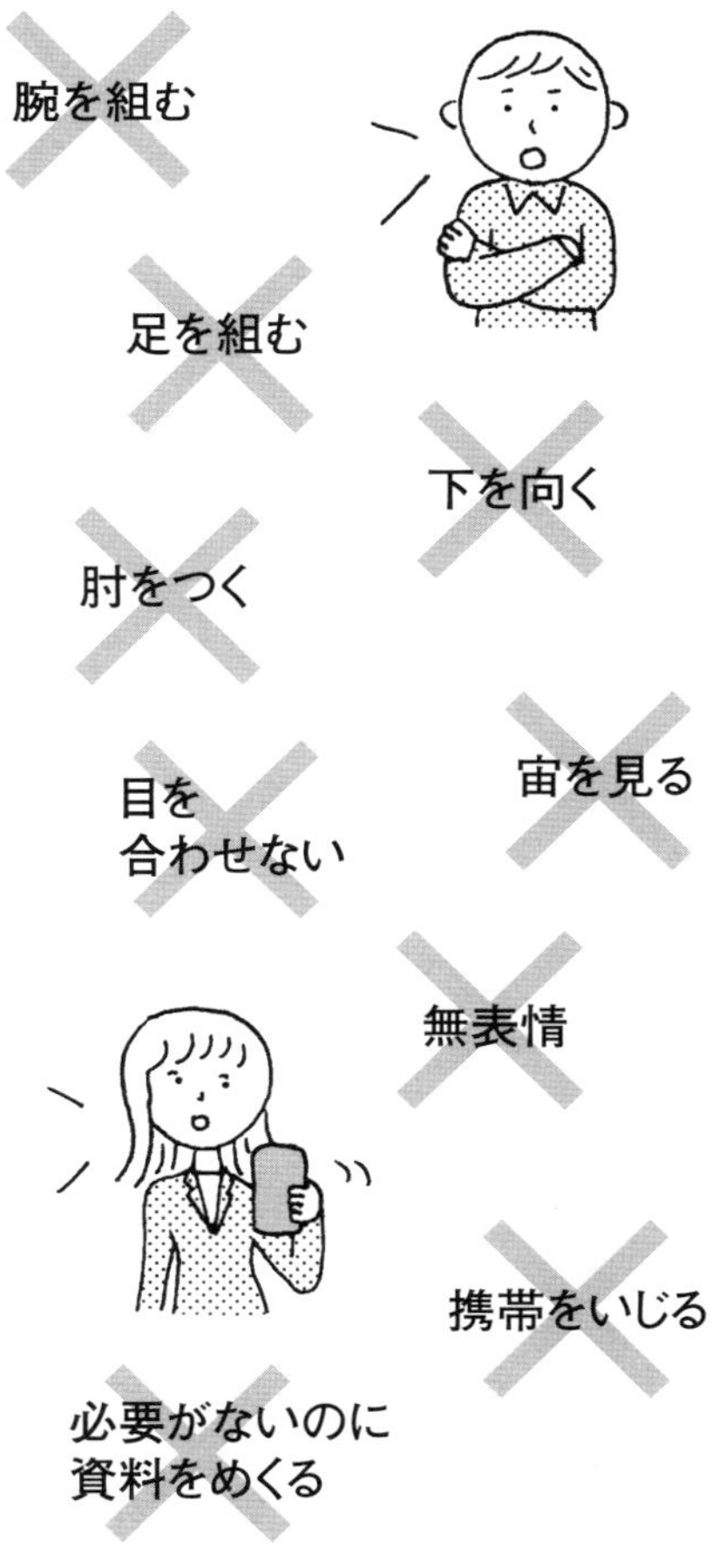

人が話しているときは、微笑《ほほえ》みをもってうなずき、関心のある態度を示しましょう。自分の番のときにそれをしてもらったらどれだけ救われるか、考えてみたらおわかりだと思います。

また、**「意識的に聞く」行為は、待ち緊張を解消する効果もあります。**順番を待っているとき、また話し終わったあとも、人の話を意識的に聞くようにすると、印象力は上がり、緊張は下がるので、まさに一石二鳥です！

「人の話を聞くときは、相手の目を見たほうがいいといいますが、あまりじっと見すぎると良くないのでは？」と聞かれることがあります。

「相手の目を見る」のは、「じっと見続けていっさいそらさない」という意味ではありません。話のリズムに合わせ、ときどき資料に目を落としたり、じっくり考えたいときに腕組みをするのは、もちろんOKです。

逆に、相手が考えごとをしているときには、あえて目をそらしてあげるのがいいときもあります。

NGなのは、「相手の立場に立たず、自分本位な行動をすること」です。

フィードバック

あがり度セルフチェック

1 順番が回ってくる直前まで人の話が聞けた　できた・普通・できなかった

2 落ち着いて前に出ることができた　できた・普通・できなかった

3 前に出たとき聞き手の顔を見ることができた　できた・普通・できなかった

4 自分のあがりではなく話す内容に集中できた　できた・普通・できなかった

5 お腹からしっかり声を出せた　できた・普通・できなかった

6 自分の番が終わった直後も人の話を聞くことができた　できた・普通・できなかった

7 終わったあとは、後悔ではなく爽快感を味わえた　できた・普通・できなかった

他人からのチェック（スピーチ後、聞き手の方に確認してみてください）

- □ 立ち居振る舞いが好印象だった
- □ 聞き手に視線を配ることができていた
- □ お腹からしっかりと声を出すことができていた
- □ ハキハキと聞き取りやすい話し方だった
- □ 話すスピードがちょうど良かった
- □ 話の内容に合わせて抑揚をつけられていた
- □ 表情豊かに話すことができていた

【面接編】「きちんとした人」を印象づける話法

就職活動はもちろんのこと、最近では昇進の際、資格試験の際などにも、面接を取り入れているケースがあります。

筆記試験の成績で優劣を決める学生時代と違い、面接におけるコミュニケーション力、対人力は、今後どの職種においても、ますます必要とされてくるでしょう。

私のところにも、高校受験を控えた中学生から、就活中の大学生、昇任試験を控えたビジネスマンまで、面接対策でやってくる方は大勢いらっしゃいます。

それまで30社以上の採用面接に落ち続けた30歳の男性の生徒さんが、講座に来て2か月で合格を勝ち取ったという、忘れられない経験もあります！

面接合格への3つのポイントを解説します。

知っておくべき「面接成功」3つのポイント

1 「最初の7秒」が合否を分ける

アルバート・メラビアンが唱えた「第一印象の法則」によると、人の印象は最初の7秒で決まってしまい、初対面で相手に与える印象は、視覚情報によるものが55％を占めるといわれています。

面接は一発勝負です。「ボクという人間の能力を知ってもらえば、外見なんて……」は通用しません。逆にいうと、外見と基本的なマナーさえきちんとしていれば、55％はクリアできるのです。

外見を磨かないのはもったいない！

見た目の印象を左右するのが、「服装」「姿勢」

初対面で相手に与える印象とは

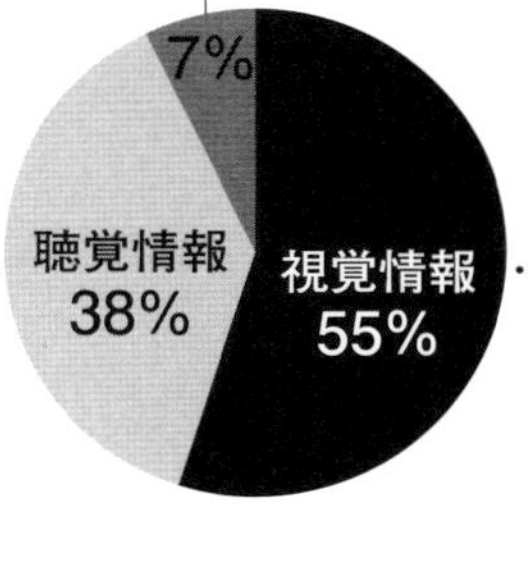

（メラビアンの法則）

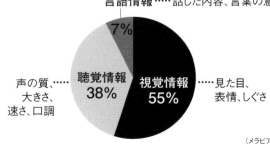

「お辞儀」「笑顔」です。

いますぐ改善できることばかりですので、ひとつずつチェックしていきましょう。

check1 服装のポイント：TPO

TPOとは、Time（時間）、Place（場所）、Occasion（場合）の略です。

「身だしなみは無言の紹介状」という言葉のとおり、服装を見れば、その人がまわりに気遣いができる人間なのか、その場に応じた言動ができる人間かどうかが判断されます。

面接にだらしない服装で来たら、「ルーズな人」と見なされても仕方ありません。

身だしなみは相手への気遣いであり、おしゃれとは違いますので、あまりにも個性的なファッションも避けます。あがり症の人ほど、相手がどのような印象を持つかまでは気が回らない人が多いので、誰に対しても好印象を与える服装で臨むようにしましょう。

身だしなみチェックリスト

男性

髪	寝ぐせがない。手入れされている。清潔感がある。
	極端なカラーリングをしていない。
服	スーツが無難。デニムはNG。
	きちんとプレスされており、シワ、シミ、汚れがない。
靴	カジュアルなサンダル、スニーカーは避ける。革靴が無難。
	汚れがない。手入れされている。

女性

髪	手入れされている。清潔感がある。
	お辞儀の際、髪が邪魔にならない。
	極端なカラーリングをしていない。
	ヘアーアクセサリーが派手すぎない。
化粧	ノーメイクはマナー違反。
	派手すぎるメイク・ネイルはしない。
	香水がきつすぎない。
服	スーツが無難。デニムはNG。
	スカートの丈が短すぎない。露出度が高いものはNG。
	シワ、シミ、汚れがない。
靴	カジュアルなサンダルやスニーカーは避け、ビジネスにふさわしいものに。
	汚れがない。手入れされている。
アクセサリー	派手すぎるもの、目立ちすぎるものは避ける。

check2 姿勢のポイント：壁立ち

❶114ページを参考にして、横から見たとき、後頭部からかかとまで一直線になっているかを鏡でチェックしてみましょう。

❷頭が前に出ている、肩が前に丸まっている、猫背になっていると、呼吸が浅くなりやすいため、声が小さくなってしまいます。また、猫背は、疲れている、不健康、やる気がないといった印象を与えてしまいますので、気をつけましょう。

❸胸が前方に張りすぎると上半身に力が入るため、筋肉がガチガチになり声が出にくくなります。

❶の姿勢を覚えておき、いつも意識するようにしましょう。

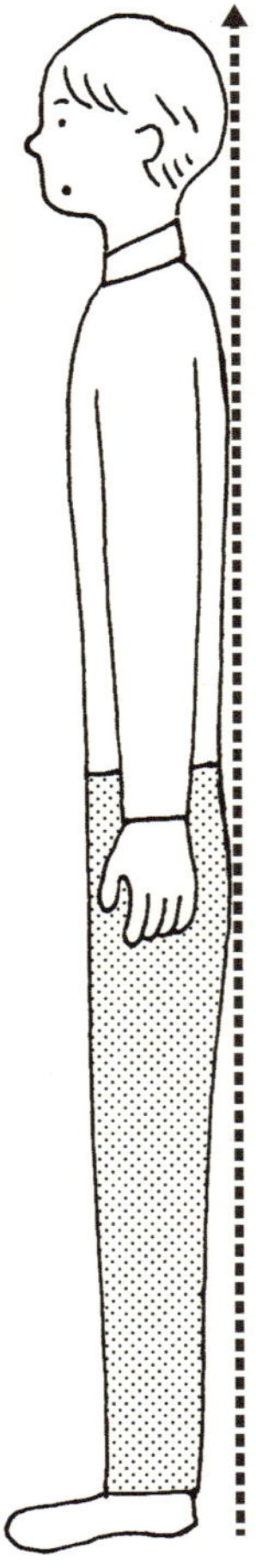

check3 お辞儀のポイント：背筋を伸ばして

自分ではできているつもりでも、緊張する場面では速くなってしまったり、雑になってしまうことがありますので、鏡などでチェックしてみましょう。

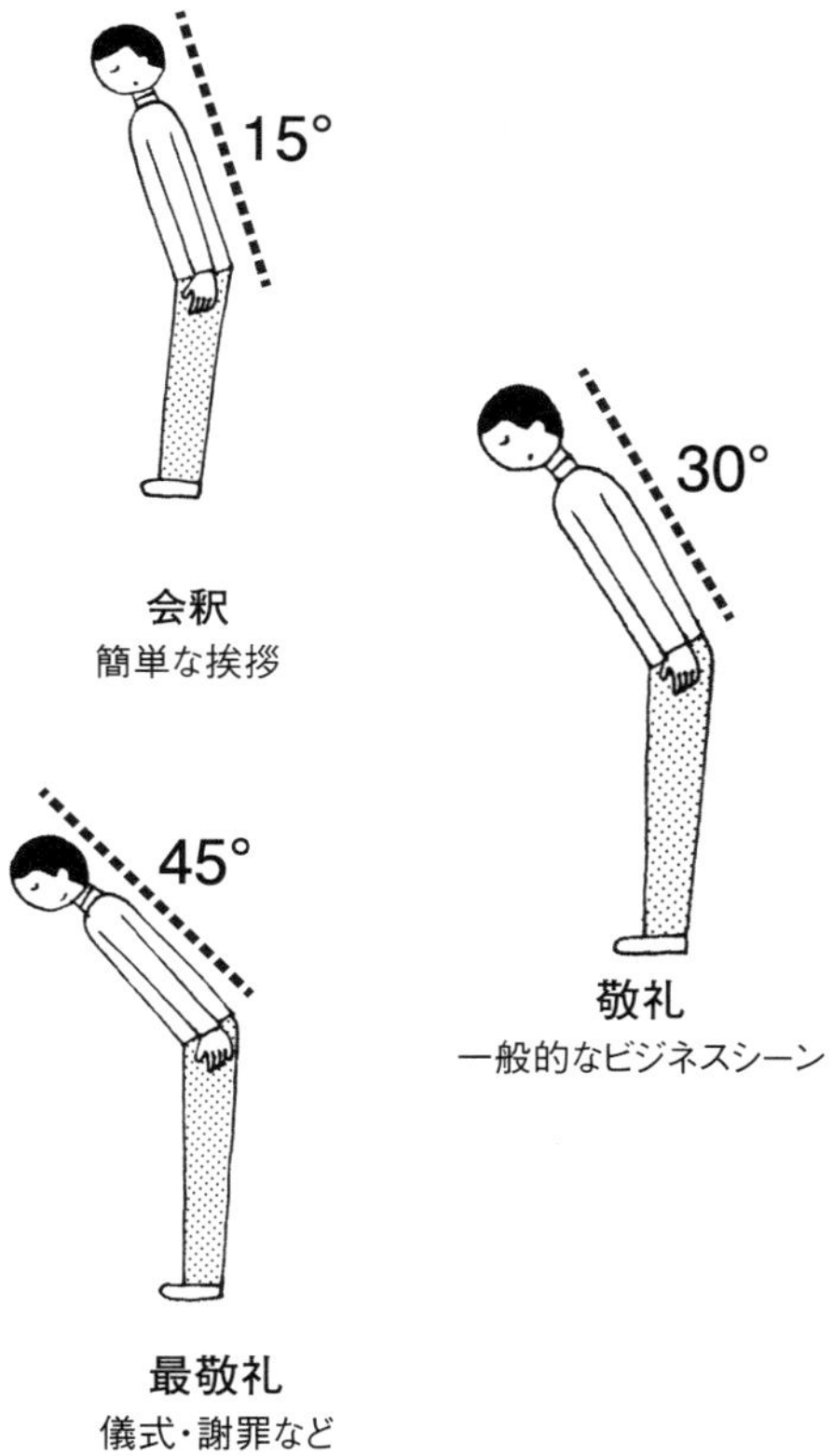

イラストのように、後頭部から背中まで一直線上にあるのが理想です。
お辞儀をするときは腰から倒すようにします。
2拍で頭を下げ、1拍置き、3拍で頭を上げると、きれいです。

check4　笑顔のポイント：ハリウッドスマイル

ハリウッドスマイルとは、ハリウッドのスターのように美しい笑顔のことで、最近でいうと、ミランダ・カーさんのように口角がキュッと上がった素敵なスマイルです。

印象のいい笑顔（ハリウッドスマイル）とは

- 口角が左右対称に上がっている
- 上の歯が8本（または10本）見えている
- 下の歯は見せない
- いつでもどこでも素敵な笑顔ができる

いっぽう、印象のよくない表情とは

- 口角が下がっている
- 左右対称でない
- 下の歯も見えている
- 筋肉が硬直《こうちょく》し、引きつっている

いずれも、不自然でなにかを企んでいるような印象を与えてしまいます。

顔には30種類以上の筋肉（表情筋）があり、細かな表情をつくりだしています。

表情筋が硬い人が、緊張する場面で笑顔をつくろうとしても、引きつってしまいうまくいきません。

当たり前ですが、普段できないことは人前ではできません。

自然で美しいスマイルのために、鏡を見ながら表情筋を鍛えましょう。

2 しっかりした発声、発音が不可欠

たとえば、あなたが一念発起して、３００万円の車を買うとします。

ハキハキとした話し方の営業マンＡ氏と、ボソボソと小声で話す営業マンＢ氏……

同じ商品、条件なら、どちらの営業マンから買いますか？

声の大きさは自信の表れとみなされます。

自社の商品に自信のない人から、高価なものを買いたくありませんよね。

好印象を与えるための発声トレーニング

あめんぼ　赤いな　アイウエオ　浮き藻《も》に　子エビも
泳いでる
柿の木　栗の木　カキクケコ　きつつき　こつこつ
枯れけやき
ささげに　酢をかけ　サシスセソ　その魚《うお》　浅瀬で
刺しました
立ちましょ　ラッパで　タチツテト　トテトテタッタと
飛び立った
なめくじ　のろのろ　ナニヌネノ　納戸に　ぬめって
なにねばる
ハトぽっぽ　ほろほろ　ハヒフヘホ　ひなたの　お部屋にゃ
笛を吹く
まいまい　ねじまき　マミムメモ　梅の実　落ちても
見もしまい
焼き栗　ゆで栗　ヤイユエヨ　山田に　灯のつく　宵の家
雷鳥《らいちょう》は　寒かろ　ラリルレロ　れんげが　咲いたら
るりの鳥
わいわい　わっしょい　ワイウエヲ　植木屋　井戸換え
お祭りだ

はじめのころはゆっくりでいいので、母音を意識して、正しく明瞭に発音することを心がけます。

慣れてきたらスピードを上げて、テンポよく発声してみましょう。

あがり症の人は声が小さく、口を正しく開かずに話す人が多いので、普段からハキハキ話す練習をしましょう。

また、発音が甘く、**「いいですよ」→「いいっすよ」**、**「すみません」→「さーせん」**、**「ありがとうございます」→「あざーす」**に聞こえる人は、早急に直しましょう。

家族や友人との会話ならともかく、面接でこういったしゃべり方は致命的です。本人に悪気はなくても、「舐《な》めてんのか?」と思われても仕方ありません。

しっかりした発声、発音は、ビジネスシーンには不可欠です。

「~ていうか」「~とか」「オレ的には」といった口ぐせがある人も注意しましょう。

3 ええかっこしいはNG!

面接で大事なこと、それは、けっして「取り繕《つくろ》わない」ことです。

面接官はプロです。その場しのぎの答えをしたところで即座に見抜きます。

わからなかったら「申し訳ありません、わかりかねます」と言ってしまってOK。けっして知ったかぶりをしないことです。

また、「自分はあがり症だから落ちるのだ」と思い込むことはやめましょう。**面接官の立場からすると、緊張しているから落とすということはありません。**

面接は緊張するものです。

たった10～20分の言動で評価され、合否につながってしまうのです。「人に注目される」という経験は、日常生活でそれほどあるわけではありませんから、慣れていないのは当然です。

面接官もそんなことは百も承知。むしろ、面接でまったく緊張しない学生には違和感を覚えます。

では、面接官はなにを見ているかというと、その人の社会性、つまり相手（お客様）やまわりの立場に立ち、その場にあった言動ができる人材かどうかを見ています。

ただ、残念なことに、あがり症の人は「自分自身」に意識が向きがちです。相手の質問が頭に入ってこないため、うわの空になったり、的外れなことを答えてしまうことが多々あります。

自分を実力以上によく見せようという気持ちは逆効果。相手の話をよく聞き、誠心誠意答えるようにしましょう。

check あなたの印象力チェック

- □ 通りすがりの人に、よく道を尋ねられる
- □ 旅行先では、カメラのシャッターを押してほしいとよく頼まれる
- □ セミナーや研修会場で、近くの席の人によく声をかけられる

誰かになにかを頼むとき、私たちはおのずと「感じがよさそうな人」「親切そうな人」を選びます。

企業はまさに、そんな人を欲しがっています。

普段、初対面の人からまったく話しかけられない人は、目つきは悪くないか、口角は下がっていないか、注意してみましょう。

【一対一の商談編】ここ一番で「ビビらない人」になる話法

「大勢の人前で話すこと」が苦手な人は、世の中に大勢いらっしゃいます。

一対一の会話であれば、どうでしょうか？

大勢の前でのスピーチよりは経験する機会も多いので、得意とまではいかないにしても、社会人経験が長くなるにつれ、ソツなくこなせるようになる人もいます。

いっぽうで、一対一の会話も、いつまで経っても苦手という人もいます。

商談が得意な人と苦手な人の違いは、どこにあるのでしょうか。

スムーズに「商談を進める」4つのポイント

1　相手への気遣いと感謝の気持ちを忘れない

商談がスムーズに運ぶ人、成約に結びつく人は、「相手への気遣いと礼儀をわきまえた会話ができる」、そして「感謝の気持ちを表すことが上手」な人だと思います。

例

「はじめまして、△△社の○○です。本日は、お忙しいなか、お時間を頂戴し、ありがとうございます」

「□□社の××です。こちらこそ、お暑いなか、わざわざご足労いただき、恐れ入ります。道はわかりましたか?」

「はい、駅からもとても近くて、わかりやすかったです。素敵なオフィスですね」

「ありがとうございます。いま、冷たいものをお持ちしますので、おかけになってお待ちください」

……

「本日は貴重なお時間をいただき、ありがとうございました」

「こちらこそありがとうございました。たいへんいいご縁をいただき、感謝しております」

「そう言っていただけると光栄です。御社の利益になれるようがんばりますので、今後ともよろしくお願いいたします」

「こちらこそ、よろしくお願いいたします。どうぞお気をつけてお帰りください」

特に**商談の始まりと終わりは、時間を取ってくれた相手への感謝の気持ちと気遣いを表すチャンス**です。

「そんなことは言わなくてもわかっている」はビジネスでは通用しません。


これを言われて悪い気はしない!

ビジネスで使える常套句

- またお目にかかれることを楽しみにしております
- ○○様によろしくお伝えください（共通の知り合いがいる場合）
- 貴重なお時間をいただき、ありがとうございました
- ご一緒できて光栄です
- ご活躍、かねがね伺っております

決まり文句とわかっていても、言われて悪い気はしないもの。ビジネスをスムーズに進めるためにも、使いこなせて損はありません!

2 アイスブレイクで商談をスムーズに

「アイスブレイク」とは、氷を壊す・溶かすという意味で、商談に入る前に、軽いフリートークを行なうことにより、商談を円滑に進める効果があります。

いきなり本題に入るより、「アイスブレイク」を使って、相手の警戒心を解きながら、場を和ませることができるビジネスマンは、成約率が上がります。

check アイスブレイクをものにする5つのポイント

❶事前に訪問先のホームページやブログなどで会社情報をチェックしておく。

「新商品を発表されるそうですね!」「展示会の反響はいかがですか?」など。

❷オフィスに着くまでの道のりでは、周辺をざっと見ておく。

「駅から近いですね」「飲食店がたくさんありますね」など。

❸オフィスに着いたら、社内をよく観察し褒《ほ》める。

「眺めのいいオフィスですね」「若いスタッフの方が多く、活気がありますね」

❹困ったときはやはり「お天気トーク」。
「暖かくなりましたね」「台風が心配ですね」


私の場合、さらに「❺出身地ネタ」は欠かせません。

たとえば、私は名古屋出身なのですが、微妙なアクセントで名古屋弁や関西弁は聞き分けられますので、「ご出身はどちらですか?」と、すかさず聞きます。

地元ネタは、間違いなく盛り上がります。同じ地元じゃなかったとしても、出身地ネタ、特に食べ物や観光地ネタは使えます。

「名古屋の味噌カツおいしいですよね!」「出張で名古屋へ行くと、いつも手羽先食べるんですよ」と言われると、まるで自分が褒められている気がして、悪い気はしません。(笑)

東京都内出身だったとしても、「~線沿線ですね」「おいしいパン屋さんがありますよね!」など、地域ネタは無限に広がります。

私は、自分とまったく違う年齢、職業、趣味、嗜好《しこう》を持つ人とでも会話を盛り上げる術《すべ》を身につけるために、よく美容院やショップで店員さん相手に練習します。

ビジネスにおいても、「雑談力」は最低限マスターしておきたいスキルです。日ごろから磨いておきましょう！

3 あいづちは効果的に

「デキる営業マンは、自分の話はしない」といいます。

「聞き上手である」ことは、営業マンにとって必須のスキルです。

そして、聞き上手になるためには、「あいづち」上手になることです。

「あいづち」は、「あなたの話を聞いています」「理解しています」というサインですので、こちらが話すとき以上に意識して行ないましょう。

check　あいづちのポイント

ネガティブ・リスニングとポジティブ・リスニングというものがあります。

ネガティブ・リスニングとは、「目を合わせない、無表情、あいづちを打たない、腕や足を組む、メモを取らない」という聞き方です。

ポジティブ・リスニングとは、「**目を合わせる、相手に合わせた表情、あいづちを**

打つ、熱心にメモを取る」という聞き方です。

どちらが話しやすいですか？

話し上手は聞き上手。商談ではポジティブ・リスニングを心がけましょう。

❶相手の目を見て、うなずく

あがり症の人は、相手の目を見るのが苦手な人が多いですが、**話しているときに目が合わないと、本当に聞いてくれているか不安になります。**

相手が楽しい話をしているときは笑顔で、深刻な話をしているときは神妙な表情で聞き入り、うなずきましょう。

❷あいづちのバリエーションを持っておく

「なるほど！」「そうなんですね！」「勉強になります！」など、バリエーションはたくさん持っておきましょう。ただし、**「なるほど〜」の連発や、「はぁ」「ふ〜ん」などの無気力なあいづちは、「本当に聞いてます？」と思われます**ので、気をつけて。

ビジネスで使えるあいづち「さしすせそ」

さ　さすがです！

し　知りませんでした！

す　すごいですね！

せ　センスありますね！

そ　そうなんですか！

❸話の途中で口を挟まない

相手が話しているときに、途中で口を挟むのはNG。

話の組み立てを考えながら話していて、「さて、これから！」というときに話を中断されたら、誰だって気分を害してしまいますよね。

相手が話すリズムや間に合わせながら、タイミングよくあいづちを打ちましょう。

あいづちとは、漢字で「相槌」と書きますが、もともとは、鍛冶《かじ》が焼いた金属を打つとき、師匠が槌を打つ合間に弟子が槌を打つことが語源です。

タイミングが合わないと大ケガをしてしまいますので、要注意！

4 メモを取って印象アップ

私の場合、一対一の個人レッスンでも、100人の前での講演会でも、熱心にメモを取っている人を見ると、好感を持ちます。

メモを取らず、あとで同じ質問をされると、「さっき話したのにな～」と、残念な気持ちになってしまいます。

メモを取ることは、前向きに勉強する姿勢の表れですから、どんどん取りましょう！

私も、セミナー中や商談中はかならずメモを取り、あとで見返します。
自分が講義をする側でも、聴衆からためになるお話やお言葉があると、「いま、たいへんいいお話だったので、メモらせてください！」って言っちゃいます。たぶん、悪く思う人はいないと思います。（笑）

特に、新人のころは、うなずきながら、一生懸命メモを取ってみましょう。
熱心にメモをしてくれる相手には、「私のことを理解しようとしてくれている」というプラスの印象を持つのと同時に、「前向きに勉強しようという態度」に、もっと話したくなります。

「いつのまにかこんなに話しちゃった」と言わせたら、商談としては大成功です！

こちらから話す場合も、同様。取りこぼしがないよう、話すことをメモしていくことはとてもいいことです。

事前に準備しておいたメモを見ながら話しても構いません。「たいへん貴重なお時間をいただいたので、恐れ入りますが、メモを確認させていただきながら、話させていただきます」と言われて、悪い気はしません。あとになって、「これを聞くのを忘れてた！」と何度も確認されるより、よっぽどいいです。

「私との時間を大切にしてくれる」と感じる相手との商談は、スムーズに進むに違いありません。

ただし、言うまでもなく、「メモを完璧に用意し、それを棒読みする」「メモに没頭し、相手に意識を向けない」のはたいへん失礼です。

メモは話の要点をまとめ、確認するものと考えましょう。

いざというとき慌てないための訪問のマナー

あがり症の人のための講座をはじめたころ、とても意外で驚いたことがあります。

あがりやすい人というのは、時間にルーズな人が多いということ。

人前が苦手だという人にかぎって、遅刻魔なのです。

はぁはぁ息を切らしながら、慌《あわ》てて駆け込んでくる人も少なくありません。

そんな状態では、落ち着いて話せるわけないのに……。

取引先への訪問であれ、試験であれ、慌てず落ち着いて物事を進めるためには、会場へ向かうところから本番ははじまっていると心得ることです。

❶先方の会社には、5分前～時間ちょうどに着くようにします。早すぎても遅すぎても迷惑です。遅れるときはかならず連絡を入れましょう。

❷受付についたら、改めて身だしなみを確認します。夏場なら、汗をかいていないか確認し、冬場なら、コートやマフラーを脱いでおきます。

❸「○○社の△△と申します。13時に××課の□□様とお約束をいただいております」と、取り次いでもらいます。

❹応接室に通され、先方の方がいらっしゃったら、すぐに立ち上がり、名刺交換をします。

恥をかかない名刺交換の仕方

基本的なマナーを知らないと、イザというとき緊張が増してしまいます。名刺交換のマナーを覚えておきましょう。

1 訪問の際は、あらかじめ名刺入れを出しておき、すぐに取り出せるようにしておきましょう。基本的に、訪問者から先に名刺を出します。

2 名刺を両手で持ち、相手より低い位置で渡します。「○○社の○○と申します」とはっきり名乗ります。

3 右手で差し出し、左手で受け取ります。「頂戴いたします。よろしくお願いいたします」と受け取り、すぐに右手を添え、名刺入れに載せます。「珍しいお名前ですね。何とお読みすればよろしいでしょうか」「素敵なお名前ですね」など一言添えると好印象です。名刺は胸より上の高さでキープします。

4 受け取った後すぐに名刺入れにしまわないようにしましょう。打ち合わせ中も名刺入れの上に置いておきます。
商談相手が何人かいる場合は、最も役職の高い人の名刺を名刺入れの上に置き、その他の人の名刺は、座っている順番に並べ、できるだけ名前を覚えるようにします。

5 一般的に、名刺入れにしまう動作は、打ち合わせがそろそろ終わるという合図になります。

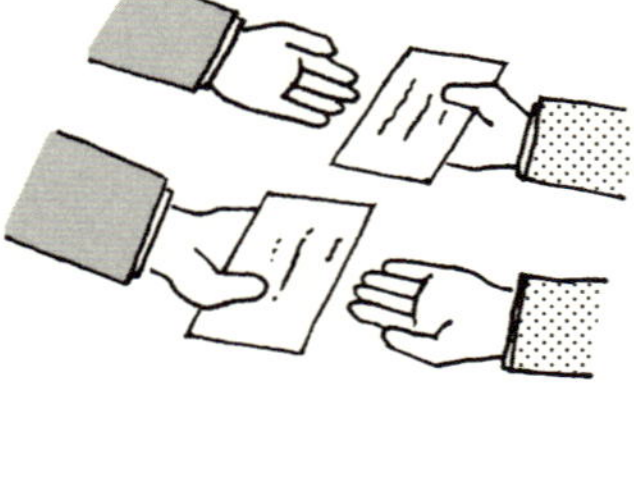

！ 万が一、名刺を忘れてしまったら

相手が出しているのに、こちらが渡さないのは大変失礼です。「申し訳ございません。ただいま、名刺を切らしておりまして……」と言ってお詫びし、後日郵送するか、次にお会いしたときに渡しましょう。

【プレゼン編】どんな人でも思わず「納得してしまう」話法

あがり症の人にとって、「大勢の前でプレゼンをすること」は、人生のなかでももっともハードルの高いことかもしれません。しかし、相手を知り、目的を理解し、そのうえでしっかりとした下準備をしていけば、それほど恐れることもありません。「挑戦なくして、成功なし」です！　克服のチャンスと思い、進んで引き受け、成功のための準備を念入りにしていきましょう。

ビジネスにふさわしい「プレゼン」10のポイント

1　相手を知る

誰に対してプレゼンするのか、出席人数、職種、年齢、性別、キーマン、ニーズを調べておきます。

2 目的を理解する

プレゼンの主役はプレゼンターではなくあくまで聞き手です。目的は「聞き手がなにを考え、望んでいるのか察知し、プレゼンター側の訴えたいことを理解してもらうこと」です。

3 時間を確認する

持ち時間をオーバーするのはNG。前後の予定も確認しておきましょう。

4 全体のイメージをつかむ

プレゼンの大きな流れを組み立て、時間配分を考慮し、大まかなストーリーを考えます。

5 ポイントを明確にし、盛り込む内容を決める

訴えたいことを箇条書きにし、整理します。持ち時間に応じて、内容を加えていき

ます。慣れないうちは原稿を書くと、頭のなかが整理され、余計な言葉や内容がそぎ落とされ、よりスマートな内容になります。

6 舞台を演出する

会場を決める際、スペース、レイアウト、空調、照明、交通等の確認をします。プレゼンツールの確認も忘れずに。緊張を抑えるためにも、事前の下見は大切です。

7 視覚に訴える工夫を

パワーポイントなどの視覚ツールをうまく取り入れ、視覚に訴えるとより効果的です。ただし、操作にもたつくと、聞き手の視線はそこに集中してしまいますので、操作は事前に確認しておくこと。

8 ビジュアルハンドも演出として有効

ツールだけでなく、ビジュアルハンドをうまく使えれば、聞き手を飽きさせず、メリハリのあるプレゼンになるでしょう。資料や実物は高く掲げ見やすいよう配慮します。

腕を組む、ポケットに手を入れる、相手を指で指すなどの行為は、横柄《おうへい》に見えますからけっしてしないこと。また、指示棒や筆記用具を手でもてあそぶと、落ち着きがない態度に見られてしまい、マイナスに映ります。

9「第一印象の法則」を忘れずに

プレゼンの内容の前に、第一印象が大切です。服装や姿勢、表情、視線の配り方をチェックしましょう。動画を録ったり、鏡の前で練習するのもお勧めです。

10 情熱を持って

どんなスピーチにも共通することですが、流暢《りゅうちょう》なしゃべり、綿密《めんみつ》な資料、ソツのないプレゼンが人の心を打つとはかぎりません。もっとも大切なのは、自社の商品、自分のアイデアに対する愛情と情熱ではないでしょうか。

プレゼンとはまさに人の心を動かすこと。プレゼン成功のカギはずばり、迫力と情熱です。

本番で焦らないための４ステップ

1 依頼されたら～1週間前

❶依頼されたら

まずは喜んで引き受けます。その際、目的、役割、持ち時間、聴衆が誰であるかを確認します。

目的 ▼

聞き手 ▼

持ち時間 ▼

❷構成を考える

関連資料を準備します。持ち時間、優先順位を考慮しながら、全体の構成を考えます。

❸レジュメを作る

グラフや図など視覚に訴えるものを盛り込み、レジュメを作ります。視聴覚機器などのプレゼンツールを活用するのもよいでしょう。

❹必要に応じて台本を作る

実際に声に出しながら、時間を確認します。

2 1週間前〜前日

❶念入りなリハーサルをする

当日の衣装、靴を身に着け、本番を想定したリハーサルを行ないます。誰かに聞いてもらい、客観的なアドバイスをもらいましょう。録画をし、姿勢や笑顔のセルフチェックも忘れずに。納得できるまで何度も繰り返します。

❷前日は早めに寝る

消化のいいものを食べ、早めに休みます。余計なことは考えず、「ここまでやったから大丈夫」と開き直りましょう。

3 当日

❶早めに起きて、余裕を持って身支度する
緊張すると消化機能が下がるので、食事は軽めに。

❷出かける前に、ストレッチ&発声を
緊張をほぐすストレッチを念入りに行ない、声も出しておきましょう。原稿も一通り読み上げておくと安心です。

❸早めに会場に入る
電車の遅延、渋滞を想定して、早めに家を出ます。

❹会場に着いたら、関係者へ挨拶を
会話をしながら、発声と笑顔のウォーミングアップをします。ひとりでも多くの顔

見知り（味方）をつくり、アウェーをホームにしてしまいましょう。

❺前に立つ

実際にスピーチする場所に立ち、イメージトレーニングをします。箱（会場）の大きさに慣れておくと、本番での緊張感が和らぎます。

4 いざ本番

❶自分の番が回ってくるまでは、人の話に集中し、待ち緊張をしのぎましょう。
❷あがってきたら、腹式呼吸をし、余分な力を抜きます。
❸自分の番が来たら、ゆっくり前に出ます。ここで慌てると心拍数も上がってしまいますので、落ち着いて。
❹前に立ったら、聴衆を見渡し、一呼吸置いてから話しはじめます。
❺声が小さくならないよう、腹式発声に気をつけます。
❻お辞儀などの動作もゆっくり丁寧に。
❼話す内容や目的に集中し、聞いてくださる方への感謝の気持ちを忘れずに。

❽終わったあとは、すぐに人の話に耳を傾けましょう。

プレゼンやセミナーで使える「注目回避術」

プレゼンやセミナーは、話し手から聞き手への一方通行であることが多いので、より視線を感じやすく、一度あがってしまうと、逃げ場がなくなってしまうという不安があると思います。そんなときには、**一方向型→双方向型**、つまり注目が分散される状態に持っていくといいでしょう。

緊張は感染するので、プレゼン・セミナー前に聞き手同士が談笑する時間を取ると、一気に会場のホーム感が増します。

次のような聴衆参加型スタイルにするのもお勧めです。

- **プレゼン・セミナー前に、自己紹介や名刺交換の時間を取る**
- **ペアワークやグループワークを取り入れる**
- **聴衆に資料を読み上げてもらう**

● 聴衆に質問を投げかける、意見を求める
● 質疑応答の時間を取る
このような時間を随所に設けることで、聞き手の満足度もアップしますので、一石二鳥です。

セミナー講師が使っている「超裏ワザ」

セミナー講師などパブリックスピーカーと呼ばれる人たちは、緊張が高まっているとき、意外とこういう裏ワザを使っています。私もよくやる方法をご紹介します。

● 水を飲む
● 歩き回る
● ホワイトボードを使う
● マイクやレーザーポインターを持つ手を替える

積極的に「身体を動かす」ことで、過度の緊張を発散させ、ほど良い緊張にコントロールしていくことができるのです。ぜひお試しください!

【会議・会合編】「会話をつなぐのがうまい人」になる話法

私は名古屋市職員時代、会議に出るのが大嫌いでした。

会議の中身の問題ではありません。人前で自分の意見を言うのが苦手だったからです。それなりにキャリアを積んでくると、自分の考えがないこともないのですが、それでも当てられないように下を向いていたり、意見を求められても、「特にありません」の一言で終わらせていました。

そんな状態では、信頼して仕事を任せてもらえるわけがありませんよね……（当時の上司や先輩の皆さま、本当に申し訳ありません！）。

ビジネスで「オレ、話しベタだから」は通用しません。

意見を求められている大事なシーンで発言をしないビジネスマンは、「やる気がない」「覇気《はき》がない」と思われても仕方ありません。

会議・会合は、コミュニケーションスキルを磨く絶好のチャンスです。

「今日もなにも言えなかった」と後悔するより、進んで発言してみましょう！

ぎくしゃくしない「会議・会合」6つのポイント

1 会場には早めに入る

話す以前の問題ですが、遅刻、無断欠席は厳禁。ルーズな人という印象を与えてしまいます。社会人としての最低限の基本ルールは守りましょう。

また、遅刻をすると、場の雰囲気に慣れるまでに時間がかかり、いわゆる「雰囲気にのまれる」状態になりますので、緊張しやすくなります。遅刻、滑り込み入室は、デメリットしかありませんので、ご注意を。

2 話の流れに沿った発言を心がける

会議の論点やまわりの状況を把握せず、ピントはずれな発言をしてしまわないように、会議中は人の意見に耳を傾け、話の流れを把握することが大切です。

3 自分の意見は簡潔に話す

会議は限られた時間で意見交換を行ないます。ダラダラと長い話、結論が見えない話、なにが言いたいかよくわからない話はまわりに迷惑です。

必要に応じて要点やデータなどをまとめたメモを準備しておきましょう。

4 「はい」「いいえ」で終わらせない

コメントは短いほうがいいとはいえ、「はい」「それでいいです」だけだと少し寂しい感じがします。「○○さんのアイデアに賛成です。××のような効果も期待できると思います」などのように、意見を一言付け足すことで、存在感を出せるとベターです。

5 断定的な言い方をしない

「それは間違っています」「そんなことはありません」と相手の意見を頭から否定してしまっては、感情的な言い争いになってしまいます。反対意見を言うときは、「おっしゃることはわかりますが」「それはごもっともですが」などのクッション言葉を使い、相手の立場を尊重するようにします。

6 意見がかぶったときは

会議で順々に意見していくとき、先に自分と同じ意見を言われてしまい、焦《あせ》ってしまった経験はありませんか？

「あの……、えっと……、○○さんと同じです」では、少々もったいないですね。そんなときは、「○○さんの意見にもありましたように、私も……のように考えます」「○○さんと同じ趣旨ですが、私の場合も……」などと、かならず主語を「私」にし、自分の意思がきちんと存在するよう印象づけましょう。

状況を悪化させてしまう話し方

あなたは知らず知らずのうちに、こんな嫌われる話し方をしていませんか？

1 一方的に長々と話す

自分は話がうまいと思っている人に多いタイプです。会話は言葉のキャッチボール。自分の話ばかりして、相手に発言の機会を与えない話し方は嫌われます。

2 人の話を聞かない

相手が話しているときに突然別の話をするタイプ。聞いていない証拠です。人が話しているときに割り込む、いわゆる「話の腰を折る」行為もやめましょう。

3 話しかけても反応がない

リアクションがないということは、否定されているのと同じだと思われても仕方ありません。社会人として失格です。

4 説教が多い

自分は絶対に正しいと思い込んでいる人に多いようです。延々と説教を聞かされるほうはたまりません。ほどほどに。

5 愚痴、やっかみ、後ろ向き発言が多い

ネガティブ・ワードを連発する人と話していると、こちらまで気分が悪くなります。言葉はできるだけポジティブにしましょう。

6　人の話をすぐ否定する

「魔の5Dワード（「でも」「だって」「どうせ」「だけど」「だから」）」を使い、相手の言うことをいきなり否定する人とは、誰も話したがりません。まず相手の言うことを受け入れ、それから自分の意見を伝えるようにしましょう。

7　人をバカにしたもの言い

「こんなこともできないのか」「君にはわからないだろうけど」……。たとえ相手が弱い立場でも、見下した話し方はその人の品性が疑われます。

8　優柔不断な態度

コミュニケーションが苦手な人によく見受けられる欠点として、自分の考え、スタンスをはっきりさせない人がいます。

一見相手に合わせているようでじつは自分の信念がない人は、いずれ信用されなくなります。

9 声が小さい

なにを言っているのかわからないと、聞き手が何度も「えっ？　なに？」と聞き返さなくてはならないので、疲れてしまいます。聞いている人が自分の聞き方が悪いのかと思い、ストレスがたまり、話すのが億劫《おっくう》になってしまうのです。

また、場合によっては偉そうに感じられてしまうこともあります。上司が部下に小声で話しかけても、部下のほうが集中して聞いてくれますが、上の立場でもない人が、相手が聞き耳を立てないと聞き取れないような話し方をしたら、「何様だと思ってるの」と反感を買われることさえあるのです。

10 早口すぎる

早口は「まくし立てる」という印象を持たれがちです。内容が聞き取れないだけでなく、聞き手を疲れさせてしまいます。

11 生気《せいき》がない

言葉にハリがなく、一本調子な話し方。抑揚《よくよう》がないため、話がつまらなく感じます。

12 命令口調、言葉づかいが横暴

職場でも、「先輩、教えてよ」と、教えるのが当然という口調で言えば、「そんなこと自分で考えろ」ということになってしまいます。

「先輩、どう思われますか？　相談に乗っていただけませんか？」とくれば、先輩も悪い気はしないでしょう。

また、人は、命令、指示されるのを嫌います。「～しろ」という命令口調ではなく、「～したらどうでしょうか？」と言われると、できるだけ相手の要望に応えたいという思いにかられるものです。

会議が活気づくポジティブワード

「あの人がいるだけで職場が活気づく」っていうこと、ありますよね。

前向きな人はやはり前向きな発言をしています。こんなちょっとした一言で、職場のムードが変わります。

1「ありがとうございます！」「助かりました！」

なにかしてもらったら、感謝の気持ちをすぐに伝えましょう。相手の目を見てはっきりと。言わなくてもわかるというのは怠慢です。

2「がんばりましたね！」「お疲れ様でした！」

この一言があるのとないのでは、職場のムードはまったく違います。ねぎらいの言葉は人を勇気づけ、職場を明るく元気にさせます。

3「それは面白いですね！」「やってみましょう！」

上司や先輩、同僚になにかアイデアを聞かされたときは、すぐあら探しをしないで、「いいアイデアですね」「それは面白いですね」と言ってみましょう。

すぐに「そんなことはうまくいくはずがない」と否定してしまう人とは、誰だって話したくなくなります。おかしいと思うところがあったら、そこから考えていけばいいのです。

4「私にやらせてください！」「チャレンジしてみます！」

少しハードルが高い仕事だと思っても、積極的にチャレンジしてみましょう。経験は財産です。仮にうまくいかなくても、そこから学ぶことは多くあるはず。前向きな発言をする人には自然と人が集まります。

check 会議での絶対NGワード

✕「忙しいから無理です」▼◯「大変ですが、やりがいがあります」

✕「自信がないのでやめておきます」▼◯「難しそうですが、挑戦してみます」

✕「いや、そういうことじゃなくて」▼◯「そういう考え方もありますね」

イラッとされない相談・報告の仕方

1 まずは簡潔に要点を話し、相手の都合を聞く

✕「部長、いま、困っていることがありまして……春に予定している展示会のテーマなんですが、2、3候補がありましてなかなかまとまりませんし、予算のほうも

先ほど経理課からいろいろ言われておりまして……」

○「秋に予定している展示会の予算についてご相談があります。どこかでお時間をいただけますでしょうか」

2 悪い報告ほど先に

一般的に報告は結論から先に話します。特に悪い結果ほど早く話すべきです。失敗やミスの報告を後回しにしたり、言わなかったりするのは良くありません。悪い報告は勇気がいりますが、早く言ったほうが結果的にダメージが少なく済みます。

3 事実を客観的に

相談・報告の心得は事実を正確に伝えるということです。その報告に基づき、ひとつの判断が下されます。

ところが現実には事実を正確に伝えることは意外に難しく、私たちは目や耳というフィルターを通して見たり聞いたりしているため、主観的な判断をしてしまうのです。

まず事実を客観的に伝え、自分の意見はあとで話す、または「これは私の意見ですが」と断ってから話さなければなりません。

例　アフリカに行った靴屋の話

昔、二人のセールスマンが、アフリカに靴を売りに行きました。

二人は驚愕《きょうがく》！　アフリカの人たちはみな裸足で歩いていたのです。

セールスマンAは、「誰も靴を履《は》いていないので、販売は無理です」。

セールスマンBは、「誰も靴を履いていないので、いくらでも売れる可能性があります」と報告しました。


人の捉え方はそれぞれであり、ひとつの事実でもまったく違った結論になってしまうのです。

「靴を履いていないから売れない」

「靴を履いていないから売れる」

どちらも意見であり事実ではありません。まずは事実を伝えましょう。

議事進行をソツなくこなすには

メンバーから発言を引き出し、一人ひとりの意見を尊重しながら、整理し、まとめ、ある結論へ導き出すのが会議における司会者の役割です。

メンバー全員が公平に扱われたと感じ、有意義な会議だったという満足感を持って帰っていただけるかどうか、その進行・演出が司会の腕の見せどころです。

そこが難しさでありますが、やりがいがありますので、進んで挑戦してみましょう！

1 話が聞き取りやすい

全員によく届く声、聞き取りやすい発音、丁寧な言葉づかいは司会者の絶対条件です。日ごろから発声・発音のレッスンをしておきましょう。

2 見た目の印象も大事

司会者は声だけでなく、しぐさ、表情がそのままメンバーに伝わってしまいます。

話し方だけでなく、身だしなみ、表情、視線に配慮しなければなりません。

3 情緒《じょうちょ》が安定している

議論が白熱してきたとき、司会者まで一緒になってカッカしていたら、収拾がつきません。司会者は感情的にならず冷静に議事進行します。

4 公平・公正な運営ができる

メンバーに対して先入観を持たず、公平な態度で接します。

特定の人の発言が続いたら、他の人が発言できるように促します。一言も話していない人がいたら、司会者から話題を投げかけ、参加しやすい雰囲気にします。

【結婚式・パーティー編】「堂々と話せる人」になる話法

５～６月や10～11月の結婚式やパーティーのトップシーズンになると、私のもとには、駆け込みでレッスンを受講される方が急激に増えてきます。

一例をご紹介します。

来月、部下の結婚式で乾杯の発声をされるというＳさん。１年前やったときに頭が真っ白になって準備していた話が飛んでしまったというトラウマがあるとのことでしたが、「今回は私がついておりますので、大丈夫！　リベンジしましょう！」ということで、さっそく、ご用意いただいた原稿を見せていただきました。

一生懸命準備されたのでしょう、Ａ４の紙一面に文字がびっしりと書かれていました。

一目見て……、ちょっと長いかな～。

乾杯の発声は、１分以内をお勧めしています。30秒でもＯＫ！

なぜなら、参列者はグラスを持って立っているから。

皆さんも経験ありませんか？　ひたすら長～い挨拶を、グラスを持って立ったまま延々と聞かされ、腕が重くなってグラスを置きたくなったことが……。

おいしそうなビールの泡が消えていくのを見るほど悲しいことはありません。これは絶対に避けたい！

原稿はぱっと見2分ほどあったので、短くするためにどこをどう整理するか、一緒に見直していきました。

まず、もっとも伝えたいことはなにかをお聞きし、その部分にアンダーラインを引いていき、次に、重複した表現、なくても意味の通じる文章をどんどんそぎ落としていきます。

このように文章を整理整頓していくことで、スリムでムダのない原稿が完成します。

あとは、最後の「乾杯！」の音頭をバシッと決めてもらうことだけを伝えました。

丸暗記ではないので、真っ白になってすべて飛ぶことはありません。

仮に言葉が飛んだり、フレーズが前後したりしても、練習ではそのまま続けてもらいます。

それを数回繰り返すと、どんどん「Sさんらしい表現や言い回し」になり、「Sさんの個性」「Sさんが新郎新婦に伝えたいこと」が際立ってきました。

あがり症の人にとって、「フォーマルな場所でのスピーチ」はたいへんハードルが高いことだと思いますが、そのぶん、一度成功すると、やみつきになります。(笑)

しっかり準備して、「後悔」ではなく、「爽快感《そうかい》」を味わいましょう!

赤っ恥をかかない「スピーチ」5つのポイント

1 長いスピーチは迷惑と心得る

スピーチは「長いな～」と思われたらアウト。原則として、乾杯や新郎謝辞なら1分以内、スピーチなら3分以内にまとめます。

原稿を作ったら、かならず時間を計って、加除修正します。

2 スピーチの組み立て方は「三段構成」がお勧め

2章でお伝えしたとおり、ショートスピーチでは「三段構成」、いわゆる「序論・

本論・結論」がお勧めです。

❶「序」↓お祝いの言葉を述べ、自己紹介をする。

「○○くん、△△さん、ご結婚おめでとうございます！
また御両家・御親族の皆様方におかれましても、心からお祝い申し上げます。
私は、新郎の直属の上司に当たります、□□株式会社　■■部長の☆☆と申します。
お二人にお祝いの言葉を述べさせていただきます」

❷「本」↓新郎新婦のお人柄や活躍ぶりを紹介

「新郎○○くんは、平成××年に入社以来、主に▲▲の開発などを手掛け……人望も厚く、仕事熱心で……（具体的なエピソードを添える）」

❸「結」↓はなむけの言葉と結びの挨拶

「どうか末長く幸せな家庭を築いてください。お二人の幸せを心より願っております。本日は誠におめでとうございます！」

3 「スピーチの例文集」に頼りすぎない

私の講座では、スピーチの内容についてはできるだけご自身で考えていただいています。スピーチ上達には、「スピーチを書く練習」も含まれるからです。

じつは、その生徒さんが用意してきた原稿が、よくある「例文集」から取ってきたかどうかは、一目でわかります。やはりアカの他人が書いたものですから、その方の話し方や雰囲気とはマッチしない「不自然さ」があるのです。

例文集は、万人に通用する内容、つまり「誰が話しても同じ内容」「誰かに使い回せる」スピーチということです。

例文を参考にするのも結構ですが、完コピはやめましょう！

本書では、スピーチの流れをつかんでいただくために、簡単な挨拶や締めの言葉は掲載していますが、本題、エピソード部分は、あえて載せていません。

エピソードはもっとも大切なところですので、ぜひご自身で考えましょう。

学生時代の友人なら、若いころのエピソード、同僚なら仕事ぶりと、おのずと決まってきますが、さらに、現在のことにかぎらず、「過去↓現在↓未来」と広げていくと、エピソードも広がっていきます。

よくある名言や決まり文句を持ってくるのもほどほどにして、あなたにしか話せないスピーチ原稿を作りましょう！

4 どんな立場で話すかによって中身を変える

披露宴《ひろう》などパーティーでスピーチする場合、「どのタイミングで」「どんな立場で」話すのか、かならず事前に確認します。

一口に「披露宴でのスピーチ」といっても、目的がまったく違うからです。

たとえば、披露宴の場合、新郎新婦の上司などが行なう主賓スピーチは乾杯前のノンアルコール状態で行なうため、よりセレモニックで厳粛な雰囲気が求められます。あまりにもくだけすぎる内容は避けます。当然、下ネタはＮＧ！

乾杯後の親戚や友人スピーチは、お酒も入っていますので、堅苦しいものよりユーモアのあるもの、会場が盛り上がる内容がお勧めです。

パーティーでのスピーチ成功の秘訣は、自分の立場と場の雰囲気を見極めることです。

5　動画を録って見た目もチェック

結婚式やパーティーであれば、間違いなく写真やビデオに撮られますから、見た目の印象や立ち居振る舞いを美しくすることにも気を遣いましょう。

フォーマルなスーツやワンピースを着慣れていない人は、かならず本番の衣装を身に着けて、声を出しておくことをお勧めします。

特にヒールの高い靴を履き慣れていない人は、緊張すると足元がぐらつきますので、かならず本番と同じ靴を履いて、お辞儀や歩き方の練習もしておきましょう。

最後に、動画を録って最終チェック。客観的に見て、「これぐらいできていればOK！」「これなら人に見られても大丈夫！」という自信が、あがりを抑えてくれます。

check　アウェーな雰囲気をホームに変える一工夫

結婚式やパーティーでの挨拶は、何度やっても緊張するという人が多いです。良くも悪くも「非日常空間」ですから、それも当然。そんなときこそ、アウェーをホームにする工夫をしましょう。

会場には早めに入り、場の雰囲気に慣れておくこと。受付や司会者、主催者、同じテーブルの人に笑顔で挨拶、会話をしておくこと。緊張してきたら、好意を持って笑顔で聞いてくれる人を見ると、本番で格段に話しやすくなり、落ち着きます。

パニックにならない司会進行のコツ

私は15歳から32歳までの17年間、人前で一言も話せない人間でした。

公務員時代は、歓送迎会や忘年会・新年会の司会や進行を若手職員がやるのですが、率先して受付や会計に回り、けっして司会進行が当たらないようにしていました。

しかし、話し方教室で勉強をはじめて、人前で話せるようになると、どんどん自信がついてきて、ちょっとした会合の司会ができるまでに成長しました。

発声練習や経験を積んでいくと、「キミ、上手だね」と褒められ、やがて市役所のセレモニーや式典の司会を頼まれるようになりました。最後のほうは、市長から、職員ではなくプロのアナウンサーと間違えられるほどでした。

それがきっかけとなり、プロの司会者を目指しました。

結婚式やイベントのＭＣのお仕事をするまでになりましたが、あくまでそれが目的ではなく、「極度のあがり症だった」私が、プロの司会者として通用するのか、そのためにはどんな努力をするべきか、実体験をもって試してみたかったからです。

結論として、あがり症の方でもソツなく司会をすることはできます！

その証拠として、私の生徒さんには、あがり症を克服して、プロの司会者になってしまった人が何人もいます！

1 押さえておきたい司会者の心得

❶好感が持てる雰囲気で

感じがいい、好感が持てるというのがパーティー司会者の第一条件です。明るくさわやかな笑顔でお客様をお迎えしましょう。

司会者は常に見られています。美しい立ち居振る舞いを心がけましょう。

❷場にふさわしい服装で

華美になりすぎず、その場にふさわしいファッションで。披露宴の司会の場合、ブライダルカラーである白は禁物《きんもつ》です。

❸時間は厳守

たいていのパーティーは予定より時間が押してしまうものですが、大幅に延びるのは会場関係者や出席者にたいへん迷惑です。かといって、スピーチや余興《よきょう》を割愛するような事態は司会者としては避けたいものです。早め早めに手を打ちましょう。

❹主催者、キャプテンとの連絡を密に

時間、進行、ＢＧＭ、照明等について担当者と充分な打ち合わせをし、変更があったらすぐに連絡を取り合います。

❺名前は絶対間違えない

名前を間違えるのはたいへん失礼です。読み方はかならず事前に確認しましょう。

席次表は常に手元に置き、スピーチや余興をする人の座席の位置を確認し、あらかじめ面識を持っておきましょう。

❻忌み言葉に注意する

おめでたい席の場合、また悲しみの席でも、忌み言葉に注意します。原稿を作るときにチェックしましょう。うっかり言ってしまったときはわざわざ訂正せず流します。

❼トラブルには冷静に

トラブル、アクシデントが起こった場合、司会者が速やかにトラブルフォローできなければ出席者が混乱してしまいます。司会者はどんなときでも慌てず騒がず冷静に。

2 手の震えが止まる「正しいマイクの使い方」

❶マイクを持つ位置

ヘッドの丸い部分を握ってしまうと、音がこもり、ハウリングを起こしやすくなります。また、下のほうを持つと、ワイヤレスマイクの場合、電波を送受信できなくなってしまいます。中間あたりを持ちましょう。

代表的な忌み言葉

結婚

去る、帰る、切れる、戻る、返す、離れる、飽きる、嫌う、破る、薄い、疎んじる、褪せる、冷える、浅い、再び、病む、敗れる、滅びる、重ねる、死ぬ、壊れる、憂い、痛ましい

※披露宴でのケーキカットの際、「切る」は使わず「ナイフを入れる」と言う。

妊娠・出産

流れる、落ちる、滅びる、死ぬ、逝く、敗れる

新築

火、赤い、緋色、煙、焼ける、燃える、倒れる、飛ぶ、壊れる、傾く、流れる、潰れる

開店

敗れる、失う、落ちる、閉まる、哀れ、枯れる、寂れる

災害見舞いや凶事

また、再び、重ねる、追って、つづいて、なお、重ね重ね、たびたび、返す返す、しばしば、ますます、再三、などの重ね言葉

❷マイクを持つ角度

司会などで使うマイクには指向性があります。斜め45度ぐらいにして、まっすぐ声を入れるようにします。

※指向性とは

単一指向性マイク：一定方向の音しか拾わない。一般的なハンドマイク、カラオケマイクなど。

無指向性マイク：全方向からの音を均等に拾う。インタビューや会議等で、周囲の音をすべて拾いたい場合に使われる。

❸マイクと口との距離

握りこぶし1個ぶんぐらいにします。遠すぎると音を拾わなくなり、近すぎると息の音まで拾ってしまい、ノイズの原因に。

間違ったマイクの持ち方

正しいマイクの持ち方

❹マイクテストをするときは

マイクのヘッドを叩いたり吹いたりしないこと。故障の原因となります。「テスト、テスト」「マイクテスト」でＯＫです。

❺両手どちらでも扱えるように

資料を持って話すこともありますので、利き手ではないほうでも扱えるようにしておくと安心です。

❻力を入れて握らない

力を入れて握ってしまうと、マイクを持つ手の震えの原因となります。卵を持つようにやさしくそっと持ちます。

【初対面編】出会ってすぐに「距離を縮める」話法

あがり症の人は、大勢の前で話すのが苦手なだけでなく、初対面の人と会話をするのが苦手な、いわゆる「人見知り」の人も多いと思います。

私もそうで、幼少期はかなり重症でした。親戚の前ですら、人と目を合わせない、いっさいしゃべらない、母の後ろに隠れて出てこないというありさまで、祖母からは「懐かないからかわいくない」と言われていたとか。

4歳ごろまではまともに言葉を発することができず、母は発達障害の疑いで病院へ行こうか悩んでいたそうです。

とにかく内向的で、引っ込み思案な子どもでした。幼少期の写真は、オール仏頂《ぶっちょう》面《づら》。それはそれはブサイクです。（苦笑）

それがいまや、こんなふうになってしまいまして（笑）、人生って不思議ですね。

転機となったのは、高校生のころにはじめた、ハンバーガーショップでのアルバイトでした。人と接するのも、訓練なんですね。自分から挨拶することの気持ちよさを知ること、人に話しかけることで誰かに感謝されることで、人付き合いがどんどんラクに楽しくなりました。

あるテレビ番組でこんな面白い企画をやったことがあります。

街頭で「あなたは人見知りですか?」というアンケートを取り、「自称・人見知りチーム」と「自称・人見知りじゃないチーム」の2チームに分けます。

それぞれ10名ほどを別室に分け、その行動を私が隠しカメラでモニタリングします(モニタリングしていることと、企画内容は伏せています)。

「自称・人見知りチーム」は、案の定、誰一人として会話しません。

ずっと下を向いているか、ケータイをいじるか。ただひたすら30分以上の時が流れ、動画のはずなのに、モニターはまるで静止画のようでした。

途中、スタッフさんが「ご自由にどうぞ」とお菓子とジュースを差し入れるのですが、誰もまったく反応しません。

いっぽう、「自称・人見知りじゃないチーム」は、すぐに会話をはじめます。

差し入れが入ると、「食べますか?」「どうぞどうぞ!」「ありがとうございます!」と、さらに会話が弾んでいました。


最後に、タネ明かし。

「自称・人見知りチーム」の方に話を伺うと、「話しかけるのは勇気がいる」、そして「なにを話したらいいかわからない」ということでした。

初対面でも緊張せずにスムーズに話すためには、月並みですが「まずは自分から挨拶する」そして、「たくさん経験すること」、これに尽きます!

check あなたの人見知り度は?

- □ 初対面の人に対して、自分から挨拶できない。
- □ 電車やバスで席をゆずることができない。
- □ お店で注文したいとき、遠くにいる店員に声をかけられない。
- □ 会議やセミナーで積極的に発言できない。

はい、すべて12年前の私のことです……。

とにかく、人前で声を出すのが恐怖でした。人に注目されるのがイヤだったので、電車でお年寄りが目の前に来ても、寝たふりをしていました……。（苦笑）

そんな自分を好きになれるはずもなく、自分自身が自分を嫌いなままで、人前で堂々と話せるわけがありませんよね。

いまはというと、もちろんすべて進んでできます！　自分から話しかけることで、人に喜ばれる、感謝されるという「ＯＫ体験」を数多く積んできたからです。

対人が苦手な人は、まずは自分から挨拶する、積極的に話しかけることからはじめてみましょう！

親近感がグッと高まる「シタシキナカ」

話は戻りまして、前出の「自称・人見知りチーム」のなかに、美容師の若い男性がいらっしゃいました。

シャンプーやカットの間、お客様との会話が続かないというお悩みがあり、この機会に自分を変えたいということで、その場で特訓を行ないました。

まずはお互いの目を見て笑顔で挨拶。

次に、**「お天気ネタ」&「お住まいトーク」**をしてもらいます。

お天気ネタとは、「今日も暑いですね（寒いですね）」「夕方から、雨が降りそうですね」などの気温や天候の話で、もっとも無難で、老若男女誰とでも会話可能なネタです。

「お住まいトーク」は、いわば共通点探しです。「○○区ですか！　△△線ですね！私は××です」「学生時代、あのあたりに住んでいました！」「おいしいケーキ屋さんがありますよね！」など、住まいや出身地の話は、無限に広がります。


人は、自分と同じ共通点があればあるほど、「話が合う」という印象を持ち、親近感を抱きます。

私は名古屋出身なので、東京でのお仕事や会合の際、愛知県はもちろん、東海3県、もっというと、地方出身者の方に出会えると、それだけでうれしくなってしまいます。

じつは、東京って地方出身の方がほとんどですから、それだけ守備範囲を広く構えていられるということです。
東京にかぎらず、「福岡出身です！」「私は長崎です！」……不思議なもので、同じ九州出身というだけで、グッと親近感が湧きますよね。
さらに、左記の「シタシキナカ」もお勧めです。趣味や旅の話は、共通点を見つけやすいので、どんどん振ってみましょう。

初対面でも「親しき仲」になれる！魔法の言葉「シタシキナカ」

シ ▶ 趣味の話

お休みの日は何をされていますか？

趣味やライフワークを聞く。

タ ▶ 旅（食べ物）の話

GWはどこかへ行かれましたか？

旅やグルメの話が尽きない人も多い。

シ ▶ 仕事の話

お仕事は何をされているんですか？

苦労話で距離がぐっと近づく場合も。

キ ▶ 気候（天気）の話

暑いですね　寒いですね

は話のきっかけとして鉄板。

ナ ▶ 仲間（友達）の話

学生時代の友達に会ったりします？

現在だけでなく昔のエピソードに広げやすい。

カ ▶ 家族の話

兄弟はいますか？

長男（長女）、ひとりっ子ネタは意外と使える。

もちろん、聞きっぱなしではいけませんよ！

「オウム返し＋質問1」で会話をつなげます。

「オウム返し」とは、「バックトラッキング法」とも呼ばれ、相手の言葉をそのまま返すことで、「私の話を理解してくれている」という印象を与えることができるテクニックです。

ですが、あまりやりすぎるとくどいので、オウム返しは適度にしておきましょう。最後に質問をひとつ付けてあげると、会話がつながっていきます。

例

「お休みの日はなにをされていますか？」
「月に1回フットサルをします」
「フットサルですか！　いいですね～。じつは僕も高校時代サッカー部だったんですよ」
「サッカー部出身の方は上手ですよね。いまはやってないんですか？」
「いまはやってないんです……。でも運動不足なので、やりたいと思っていたところです。どんなメンバーでされているんですか？」

「職場の同僚が多いですが、どなたでもＯＫですよ。今度どうですか？」

「はい、ぜひお願いします！」


いっぽう、会話が苦手な人同士だと、たいていこんな感じです。

例

「お休みの日はなにをされていますか？」

「特になにも……。まぁ、しいていえば、フットサルとか……」

「そうですか……」

「……………………」


聞いている方がツライです！　明らかに、お互いに相手を知りたい、共通点を探したいなどの努力が見えませんよね。初対面同士でも、その場を楽しく過ごしたいという思いと努力があれば、自然と会話が生まれるものです。

さて、美容師の彼に、たった10分間の特訓をしたあと、彼の勧める美容院でお客様に協力していただき、先ほどの「オウム返し＋質問1」での会話を実践してもらいました。

その様子も私がモニタリングしましたが、今度はしっかりできていました！

お客様も、美容院の経営者の方も、大満足。彼もその後は自信を持って接客できるようになりました。

このように、会話はトレーニングです。

「人見知りだから話さなくてもいい」「相手が話しかけてくれればいい」というのは、プライベートではいいでしょうが、社会では通用しません。

ですが、難しく考える必要はありません。**「初対面の人とスムーズに話す」ことは、社会人として身につけておいて損はない「マナー」**と捉えてください。

テーブルマナーを学ぶのと同じ、知らないことはできなくて当たり前。これから勉強し、経験値を上げていけばいいのです。

必要以上に恐れずに、どんどん経験を積んでくださいね！

初対面で気をつけたい会話ネタ

気心の知れた仲なら、思想的な話や他人の悪口で盛り上がることもありますが、初対面では警戒されてしまうこともありますので、注意が必要です。

1 思想的、政治的、宗教的な話

2 他人の悪口、不平不満

3 場違いな話、専門的な話

4 自慢話

5 終始ネガティブな話

他人の噂話、陰口ばかりを言う人は信頼を失います。また、自慢話もあまりに多いと鼻につきますので、ほどほどにしましょう。

【異性編】誰とでも「会話を楽しめる人」になる話法

ある日、銀座の老舗《しにせ》デパートのエレベーターで、有名な歌舞伎役者さんと一緒になりました。

エレベーター内は、私と役者さんの二人きり。お付きの人もいません。

「これは話しかけるチャンス！」と思ったのですが、声が上ずって、思うように話せませんでした。普段、１０００人の前で講演するときでも声が上ずることはないのに、そのときは、たったひとりの前であがりました～。

憧れの人や、好きな人の前では、誰でもあがってしまうもの。憧れているからこそ、大好きだからこそ、です。

それ自体は、まったくおかしいことではありません。相手が、今後も関係を続けていきたいと思う異性の場合、緊張はいっそう高まります。「嫌われたくない」と思うからです。

人は、「失敗したくない」「恥をかきたくない」と思うあまり、「どう見られているかが異常に気になってしまう」ものなのです。

なんとも思わない異性の前なら平気という人も多いはずで、**「相手のことを大切に思っている」からこそ、緊張する**のです。けっして悪いことではありません。

ただ、緊張しやすい人は、一般的に真面目で完璧主義の人が多く、「自分は人からどう見られているか?」「こう思われたらどうしよう?」と、人の目を気にしすぎる傾向にあります。

実力以上のものを見せようとするとプレッシャーが大きくなり、余計に緊張感が高まりますから、あまりいい恰好をしようとせず、自分以上でも以下でもない、ありのままの自分で振る舞うほうが、意外とうまくいくことが多いです。

リアクションを変えるだけで恋愛上手になれる

これも番組の企画ですが、彼女いない歴24年の男性に21日間集中トレーニングを行ない、モテ男に改造するというものがありました。

まずは、私と一対一で、初デートを想定した会話のシミュレーション。彼は思ったよりお話はできる方でした。ただ、「なにか話さなくては」という意識が強すぎて、「こちらの話を受け入れる」という余裕がないようでした。言葉数でいうと、彼＝８割、私＝２割といった感じ。これでは女子は退屈してしまいます。

対人が苦手な人は、異性と一緒だと「会話がぎこちなくなってしまわないかが心配」「沈黙が怖い」という人も多いと思いますが、じつは、もっとも異性に嫌われるのは、ぎこちないことでも、沈黙が続くことでもなく、「一方的に話す」ことなのです。人は、自分の話をまくし立てる人より、自分の話をじっくり聞いてくれる人に好意を持つものです。

さて、21日間の特訓がスタート。
まず、初対面編でお伝えした、「**シタシキナカ**」を活用してもらい、会話を振ってもらうようにしました。

私が答えたことに対して、「**オウム返し＋質問1**」でつなぎます。
さらに、異性との会話で使える、「**モテリアクションのサシスセソ**」を伝授。
練習していくうちに、スムーズに会話できるようになってきました！

モテリアクションのサシスセソ

次は、モテしぐさです。「**ミラーリング**」を取り入れました。

「ミラーリング」とは、会話のとき、何気なく相手のしぐさを真似することです。テーブルとカップを用意し、私がお茶を飲んだら、彼にも飲むようにしてもらいました。

あくまでさりげなく！　リズムがシンクロしてくるような感覚があったら、こっちのものです！

私との会話や振る舞いには慣れてきたので、次のミッション。一般女子と会話の実習です。

運転免許の教習でいえば、仮免からの「路上教習」ですね。（笑）

美容院やショップに行き、女性店員さんと積極的に会話をしてもらいました。

飲み会やイベントがあれば、積極的に参加してもらうようにしました。

あっというまに21日間のトレーニングが終わり、いよいよ卒業というとき、彼から「じつはご報告があります」。

なんと、人生初めての彼女ができたそうです！
あのときのうれしそうな顔、ずっと忘れないです……私も本当にうれしかったです。

「また会いたい」と思わせる人の共通点

モテる人は、ルックスがよくてお金持ち……確かにそういった要素もあると思います。でも、異性・同性問わず、お付き合いを長く継続していける人というのは、いいときも悪いときも相手の気持ちを汲《く》み取り、寄り添うことのできる人です。

特に恋愛の初期段階では、自分のことを大切に思ってくれているかを、会話やしぐさのなかで判断します。

モテる人は、そういった気配りをさりげなく行なっているのです。

1 ちょっとした変化に気づくことができる

「髪型変えた?」「いつもと違うファッションだね」……「似合ってるね」と続けて褒めること！

「最近元気なくないですか?」「なにかあったんですか?」……相手が弱っているときにさりげなく気遣える人もポイント高し!

2 相手の感情に寄り添うことができる

「よかったですね!」……いいことがあったときは一緒に喜び、「そんなことがあったんですね」「つらかったですね」……マイナスな感情こそ受け止め、寄り添うようにしましょう。

3 別れ際の余韻を残す

私の経験ですが、別れ際、まったくこちらを振り返らずさっさと立ち去る人は、どんなに会話が素敵であったとしても、興ざめします。

ビジネスでは、エレベーターの扉が閉まるまでお辞儀をしてお客様をお見送りしますが、異性との別れ際も同じです。相手が見えなくなるまで手を振り、笑顔で見送りましょう。

「私のことを大切に思ってくれている」と印象づけることで、次につながります。

【電話応対編】「仕事ができる人」と感心される話法

私はあがり症だった公務員時代、電話恐怖症でした。

こちらからかける必要のあるときは、事務所に誰もいないときを狙うか、わざわざ別室に行ってかけていました（来る日も来る日も、こんなマイナスな努力をしなくてはならないことに本当に疲れていました……）。

かかってきた電話を受けるときは、さらに恐怖。シーンとしたオフィスに自分の声が響き渡るのが、本当にイヤでイヤでたまりませんでした。

それらを克服したいま、思うのは、「相当な自意識過剰だった」ということ。常に自分に注目されることを恐れていたため、心と身体がガチガチに硬直し、結果、失敗し、苦手意識が強くなるという負のスパイラルにどっぷりはまってしまっていました。

人前でのあがりを克服してからは、そういった自意識過剰グセによる恐怖症からは脱出できました。

さらに、後になって思うのは、「電話応対の正しいマナーを知らなかった」ということも、苦手意識の一因だったと思います。

無知は緊張を増幅させ、自信はあがりを軽減します。

ここでは、社会人として必要な電話応対のマナーや敬語の基本知識を押さえておきましょう。

電話をかけるときの基本のキ

1 電話をかけるということは、相手の手を止めるということです。

用件はあらかじめ簡潔にまとめておきましょう。相手が不在だった場合どうするかも考えておくとよいでしょう。手元には資料やメモ、筆記用具を用意します。かける時間にも配慮しましょう。

2 電話も第一印象が肝心です。

「～と申します」「～でございます」とはっきり名乗り、「お世話になります」「お忙しいところ恐れ入ります」と続けます。

3　一方的に話しはじめないこと。

相手が出たら「いまよろしいでしょうか」「○○の件につきまして、10分ほどよろしいでしょうか」と相手の都合を聞きます。

4　電話は声が聞き取りにくく、身振り手振りも使えないので、直接話すよりゆっくりはっきり話すよう心がけましょう。

表情がないぶん単調に聞こえやすいので、声に抑揚《よくよう》・変化をつけると感じがよく聞こえます。

電話を受けるときの基本のキ

1　第一声が肝心。明るくさわやかに、名前をはっきり名乗ります。第一声で「もしもし」は使わないこと。長く待たせたときは「お待たせいたしました」と言います。

2　間違い電話にも丁寧に応対すること。こういうときこそ品位が問われます。

3　取り次ぐときは受話器を押さえるか保留にすること。

4　取り次ぐ人が不在の場合は、相手の意向を尋ねます。

「よろしければ代わってご用件をお伺いしましょうか」
「〇時には戻る予定ですが、戻り次第ご連絡させましょうか」

5　伝言を受けたらかならずメモを取り、自分の名前を名乗ります。
たらい回しにはしないこと。
6　原則として相手が受話器を置いてから、静かに受話器を置きます。
7　クレームにも慌てず対応すること。

check 「クレーム応対」５つのポイント

❶冷静に対応する。
❷相手の言い分をよく聞く。
❸言い訳をしない。
❹自分だけで判断できないときは、上司に相談する。
❺苦情は貴重なご意見。積極的、かつ迅速に対応、改善する。

基本	尊敬語	謙譲語
聞く	ご清聴　お耳に入る お聞きになる	拝聴する　承る　お伺いする お聞きする
決める	ご英断　ご勇断　ご決定 お決めになる	——
着る	お召しになる　ご着用	着させていただく
叱る	お叱りになる　お怒りになる	いさめる
知っている	ご存じ	存じ上げる　存じる
死ぬ	ご逝去　ご永眠 お亡くなりになる	——
する	なさる　される	させていただく　いたす
助ける	ご支援　ご援助　お力添え	お手伝いさせていただく
尋ねる	お尋ねになる　お聞きになる	お伺いする　お尋ねする お聞きする
食べる	召し上がる　お上がりになる	頂戴する　いただく
連れて行く	お連れになる	お供する ご一緒させていただく
寝る	お休みになる　ご就寝	休ませていただく
見せる	お示しになる　お見せになる	ご覧に入れる　お目にかける お見せする
見る	ご高覧　ご清覧　ご覧になる	拝見する 見せていただく
もらう	ご笑納　ご査収 お受け取りになる	頂戴する　いただく
許す	ご容赦　お許しになる	——
わかる	ご理解　ご承知　ご了承 ご了解	かしこまる　承る　承知する お察しする

あらゆるビジネスシーンで使える!　基本の敬語

尊敬語：相手を敬って使う言葉
謙譲語：へりくだって使う言葉

基本	尊敬語	謙譲語
会う	お会いになる　会われる	お目にかかる　お会いする
与える	ご恵贈　くださる	謹呈する　進呈する 差し上げる
集まる	お集まりになる お揃いになる	——
言う	おっしゃる　言われる	申し上げる　申す
行く 来る	ご足労　おいでになる お越しになる　いらっしゃる お見えになる	参上する　お伺いする 参る
いる	おいでになる　いらっしゃる	おる
売る	お譲りになる　お売りになる	お譲りする　お売りする ご利用いただく
教える	ご指導　ご教示 お教えくださる　お教えになる	ご案内する　お教えする
思う	お考えになる　お思いになる	存じ上げる　存じる
買う	お求めになる お買い求めになる お買い上げになる お買いになる　ご利用になる	——
帰る	お帰りになる	失礼する　帰らせていただく
借りる	お借りになる	拝借する　お借りする
がんばる	ご尽力　お励みになる	努力させていただく 努めさせていただく

断る／拒否のクッション言葉

- 申し訳ありませんが ……わかりかねます
- 残念ながら ……今回は見送らせていただきます
- せっかくですが ……今回はお受けしかねます
- 申し訳ございませんが ……今回はいたしかねます
- 身に余るお言葉ですが ……今回はご遠慮させていただきます
- 大変残念ですが ……ご期待には添いかねます
- 大変申し上げにくいのですが ……御社のご提案は今回、不採用となりました
- ご期待に添えず大変申し訳ございませんが ……お断りさせていただきます
- お役に立てず大変恐縮でございますが ……ご了承ください
- 私どもの力不足で申し訳ございませんが ……ご了承ください

報告／説明／感謝のクッション言葉

- おかげさまで ……無事に戻りました
- ご心配かもしれませんが ……ご安心ください
- お話し中、大変恐縮です ……○○課長にお電話です
- 大変申し上げにくいのですが ……今月の目標、達成できませんでした
- 誠に恐れ入りますが ……よろしくお伝えください
- 誠に勝手ながら ……お休みさせていただきます
- あいにくですが ……席を外しております

クッション言葉あれこれ

クッション言葉とは	依頼をするとき、断るとき、異論を唱えるときなどに、 言葉の前に添えて使用する。 相手に柔らかく丁寧な印象を与える効果がある。

代表的なクッション言葉

- お手数ですが ……ご返信をお願いいたします
- 差し支えなければ ……ご連絡先を教えていただけますでしょうか
- 恐れ入りますが ……少々お待ちいただけますか
- 大変恐縮ですが ……もう一度ご確認下さい
- 重ね重ね恐縮ですが ……もう一度お送りいただけますか
- 勝手申し上げますが ……本日はご都合よろしいでしょうか
- 私ごとで恐縮ですが ……来週休暇を頂きたいのですが
- ご多忙中とは存じますが ……よろしくお願いいたします
- ご足労をおかけして申し訳ございませんが ……お越しください
- ご面倒をおかけいたしますが ……ご返答をお待ちしております

反論／反対意見のクッション言葉

- お言葉を返すようですが ……そのご意見には賛成いたしかねます
- おっしゃることはわかりますが ……こちらの意見の方が正しいのではないでしょうか
- ご意見なるほどとは思いますが ……こういった考え方もあるのではないでしょうか
- 確かにそのとおりでございますが ……○○により賛同しかねます

おわりに

最後までお読みいただき、ありがとうございました。
「人前であがらずに話せる方法」、ぜひ今日からでも実践していただき、話すことを楽しんでいただければ幸いです。

聞いてくれる人がいるから、話すことができる。
自分が人前に出ることで、誰かの役に立つことができる。
まわりへの感謝の気持ち。

人前で話すことをイヤだと思う気持ちより、そうした喜びや感謝の気持ちが上回ったとき、今まで味わったことのないような爽快感《そうかい》、達成感がやってくるはずです。

人前を恐れることなく堂々と話せる……そんな人生はまさに「パラダイス」です！

本書により、ひとりでも多くの方が「パラダイス」への切符を手に入れられることを願ってやみません。

17年間、重度のあがり症に苦しめられ、それを克服し、話し方講師になった私が、生涯かけて果たすべき使命は、「この世の中から、人知れずあがり症で苦しむ人を1人でもなくす」ことだと思っています。

本書が、その一助となれば幸いです。

最後になりましたが、このような素晴らしい機会を与えてくださいました大和書房編集部の三輪謙郎さん、いつも一緒に楽しく学ばせていただいているあがり症克服協会の会員の皆さま、これまで支えてくださったスタッフ、家族、すべての方に、この場をお借りしてお礼申し上げます。

2016年4月

鳥谷 朝代

鳥谷朝代 Asayo Toritani

一般社団法人あがり症克服協会 代表理事。株式会社スピーチ塾 代表取締役。

NHK カルチャー、朝日カルチャー、よみうりカルチャー、中日文化センター、リビングカルチャー話し方講師。

心理カウンセラー。

中学1年生の本読みで、自身のあがり症を自覚。以来 17 年間、苦しみ続ける。

名古屋市役所の職員となった以降も症状は悪化。精神内科の通院や催眠療法を試みたものの効果はなかったが、ある話し方講座と出会い克服。

その後、「自分のようにあがり症で苦しむ人の助けになりたい」と思うようになり、2004 年、公務員生活に終止符をうち、「あがり症・話しベタさんのためのスピーチ塾®」を開校。

メンタルだけでなく体から誰でも楽にあがりを改善する方法を確立し、アナウンサーや弁護士、経営者から学生、主婦まで広く指導。開校 12 年で克服へ導いた受講生は1万 4000 人を超える。

2014 年、全国初の元あがり症によるあがり症のための協会「一般社団法人あがり症克服協会」を非営利団体として発足、理事長に就任。全国各地のカルチャースクール、学校、企業・団体で年間 200 回以上の講演活動を行なう。テレビ出演も多数。
著書に『やさしくあがりを治す本』(すばる舎)、『人前であがらないスピーチ術』(NHK 出版)、『心に残る入学式・卒業式のあいさつ』(日本文芸社)などがある。

(社)あがり症克服協会　公式サイト http://agarishow.or.jp/

1分《ぷん》のスピーチでも、30分《ぷん》のプレゼンでも、
人前《ひとまえ》であがらずに話《はな》せる方法《ほうほう》

2016年 4 月15日　第 1 刷発行
2017年 1 月 5 日　第 5 刷発行

著　者　鳥谷《とりたに》 朝代《あさよ》
発行者　佐藤　靖
発行所　大和《だいわ》書房
東京都文京区関口 1-33-4
電話　03-3203-4511

カバーデザイン　石間淳
本文デザイン　荒井雅美(トモエキコウ)
イラスト　須山奈津希(ぽるか)
本文印刷　信毎書籍印刷
カバー印刷　歩プロセス
製本所　ナショナル製本

ISBN978-4-479-79519-3

http://www.daiwashobo.co.jp